0 ―ゼロ―

からわかる!

起業

超入門

起業コンサルタント®
中野裕哲 監修

Understanding from 0!
Introduction to ~~~~

ソシム

JN028532

街のなかをのぞいてみよう

さまざまなスタイルで 起業する人が増えています!

「オンライン起業」「会社設立」「店舗経営」「副業」……etc。
起業スタイルは多様化しています。自分らしく生きるための
選択肢として起業を考えてみてはいかがでしょうか。

インターネット上でビジネスをする「オンライン起業」。店舗やオフィスを構えなくて済むのも魅力です。

自宅で
オンライン起業を
はじめました

個人事業で
夢だった
花屋を経営
しています

自分だけの店をもつのが夢という人も多いのでは? 店舗経営をするなら、特に立地に気をつけましょう。

私も起業
できるかも

酒屋の2代目です。
副業として、
不動産経営も
しています

安定した収入もほ
しいけど、起業も
したい。そんな場
合は「副業」がオ
ススメです。

**自分の力を
試したくて
株式会社を
設立しました**

社会的信用度が高い「株
式会社」。自分1人で設
立して、代表取締役にな
ることもできます。

副業なら
チャレンジして
みたいなぁ

**仲間と一緒に
合同会社を
つくりました！**

株式会社よりも設立費用をおさえられる合同
会社が増えています。合同会社は原則として
出資したすべての社員の合議制なので、仲間
と起業する人が選ぶこともあるようです。

あなたは **個人事業向き？**
会社設立向き？

起業には「個人事業」「会社設立」の2つの選択肢があります。
あなたがどちらに向いているのか、チェックしてみましょう。

A欄	B欄

A欄

- ☐ 大きな売上、利益は目指さず、はじめは細々と働きたいと思う
- ☐ 事業を拡大するつもりはない
- ☐ 初期費用はなるべくおさえたい
- ☐ 自分や家族だけなど、できるだけ少数で事業を運営したい
- ☐ 税金の処理など、専門家に頼らないでがんばりたい
- ☐ 社会的な信用は気にしない

A欄にチェック
が多い人 ⇩

B欄

- ☐ 大きな売上、利益を目指してガンガン働きたいと思う
- ☐ 事業をどんどん拡大したい
- ☐ 初期費用がかかっても気にならない
- ☐ 自分以外の協力者（役員、社員、出資者など）とともに運営していきたい
- ☐ 税金の処理など、専門家に依頼してもよいと思っている
- ☐ 社会的な信用が欲しい。社長と名乗りたい

B欄にチェック
が多い人 ⇩

個人事業向き かも

「まずは自分のできる範囲でがんばろう！」とするあなたは、個人事業向きかも。

会社設立向き かも

「大きく事業を運営していきたい！」という思いのあるあなたは、会社設立向きかも。

起業までの基本STEPは6つ！

起業をするための大まかな流れです。まずは第1章を読んで、起業に関する基本的な知識をおさえましょう。

 STEP1 起業の方法を知る

 STEP2 自己資金を貯める

 STEP3 なにをするのか決める

 STEP4 事業環境を整える

 STEP5 資金調達の準備をする

 STEP6 開業手続きをする

こんなメリットがある！

自由に働ける！

働き方を自分で自由に決めることができる。ライフスタイルを重視し、「自分らしく生きる」ために起業を選ぶのもオススメ。

やりがいがある！

事業の看板を背負うのは自分自身！ 成果に対して満足感とやりがいを感じられるはず。

収入が増えることも！

起業は収入を増やすチャンスにもなる。うまくいけば、高収入を得られる可能性がある。

本書の登場人物紹介

中野裕哲先生
起業コンサルタント®。起業するためのノウハウをわかりやすく丁寧に解説！起業支援のエキスパート。

会社員・Iさん
「自分の会社をもちたい！」と、会社設立の勉強中（40代）。まずは副業からはじめたい。おしゃれ好き。

デザイナー・Kさん
デザイン事務所に勤めるデザイナー（30代）。独立して個人事業主になり、自宅で仕事がしたい。

contents

第3章 起業準備をはじめよう

第4章 起業の手続きを進めよう

第5章 知っておきたい資金&口座の話

第6章　税金・経理・社会保険の話

第7章 起業を成功に導くリスク管理術

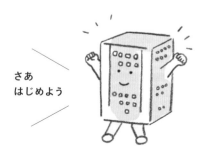

さあ
はじめよう

第 1 章

起業の基礎知識を身につけよう

「個人事業にするのか」「会社設立するのか」。それぞれの特徴を知ったうえで考えてみましょう。

まずは
正しい知識を
身につけないと

自分に合った方法で事業をはじめよう

起業のスタイルはたくさんありますが、事業のはじめ方にもいろいろな選択肢があります。

起業は「新しく事業を起こすこと」を指します。2人はもう、起業スタイルやはじめ方を決めていますか？

私はいまの会社から独立して1人でがんばるつもりです！

僕はまずは副業からはじめたいです。そして、軌道にのったら退社して、会社を設立する計画を立てています。

副業
本業でしている仕事以外で、収入を得る仕事のこと。

副業として起業をはじめる人は増えてきています。ただし、いまの会社が副業を許可している場合に限り可能なので、事前に会社の就業規則を確認しましょう。

就業規則
企業が労働者の労働時間や賃金、休暇など、労働条件や就業に関する規律やルールをまとめたもの。

なんですぐ独立するんじゃなくて、副業からはじめようと思ったんですか？

安定した収入があると安心だからね。あと、いきなり本格的に事業をはじめるよりも少しずつ活動していけたらいいかなと思って。経営感覚をつける練習にもなりそうだしね。

［ はじめ方別：メリットと注意点 ］

● ゼロから起業する

副業としてはじめる

キーワード ・安定 ・副収入
・スキルUP

メリット 安定した収入源をもちながら、副収入を得られる。経営者としての視点を身につけ、それを本業で生かして活躍できる可能性も生まれる。

注意点 本業やプライベートな時間とのバランスを考え、副業のための時間を計画的に確保する必要がある。

副業を独立までの助走期間にするなら綿密に！

やがて本業にする場合、副業期間中の業績が融資に影響する。ゆったり経営はNG。着実な売上UPを目指そう。

独立して、事業に専念する

キーワード ・脱雇用
・自由

メリット 雇用されているときと異なり、自分の都合に合わせて働くことができる。自分の事業に時間を割けるので、注力しやすい。

注意点 事業が軌道にのるまでは、収益はあまり見込めない。あらかじめ、生活資金はしっかり確保を。

● 譲り受けて起業する

個人M&A（事業の買収）

キーワード ・事業承継

メリット 既存の事業を行っている経営者から、事業を引き継ぐ。既存のブランドや顧客などを活用でき、ゼロから起業するよりもリスクが少ない。

注意点 なぜ事業を譲りたいのか、相手の状況を把握する必要がある。立地が悪い、赤字体質などの問題が隠れていることも。

事業に必須の３つの資源 ヒト・モノ・カネ

起業を成功させるためには、ヒト・モノ・カネが必要です。現時点で自分に足りないものを確認しましょう。

 人脈が多いほどビジネスにつながりますし、事業をはじめるのにも、運営するのにも設備や資金が必要不可欠です。

人脈
人と人とのつながりのこと。交友関係。

 いまの時点ですべてそろっているかといわれると……。

 焦らなくて大丈夫です。不足しているなら、そろえるための手段を考えましょう。自分に不足しているものを知り、時間をかけて準備することが大切です。

 とりあえず、いまの仕事で人脈を広げることを意識してみます。

 僕は事業に有利になりそうな資格をとろうかなと考えているんですが。

 それはいい判断ですね。人より優れたスキルがあれば、商品・サービスに付加価値をつけることができます。あとは情報収集にも力を入れましょう。世の中の動きに敏感になることは、起業の成功率を上げることにつながります。

付加価値
ほかのものにはない独自性といった、商品・サービスに新たに加えられる価値。

[自分に不足しているのはどれ?]

☑ ヒト

社員や役員、顧客になってくれそうな人や外注先など、ビジネスにつながる人だけでなく、困っているときに助けてくれる人たちなど、人脈を広く築けているか。

不足なら…

積極的に交流をもとう!

いまの人間関係を大切にするのはもちろんのこと、業界セミナーや異業種交流会に参加するなどして、同じ業界だけでなく、異なる業界の人との親睦を深めよう。取引先を紹介してくれる人を探せると、さらに◎。

どれが欠けても起業は成功しない。

☑ モノ

オフィスや店舗のほか、自分が商品・サービスを提供するために必要な機材、事務用品、技術、ノウハウなど、事業を運営するうえで必要になるあらゆる物資やリソース。

☑ カネ

事業のために使える資金。預貯金や退職金といった現金だけでなく、株などの金融資産も含まれる。

不足なら…

そろえ方を見直してみよう!

資金が足りないのなら、中古品やレンタルなど、費用をおさえて準備できる手段を考える。事業拠点の形態も再検討してみよう（→3章）。

不足なら…

計画的に貯めていこう!

まずはできるだけ自分で貯める計画を立ててみよう（→P62）。はじめから他人をあてにせず、不足しているなら事業規模の縮小や起業自体の延期も検討する。

個人事業は事業主の責任で事業を行う

個人事業は事業主が主体となって、自己責任で事業を行います。

個人事業の場合、起業家は事業主として経営を行います。自分が事業の責任者になるんです。

それって会社も同じでは…？

会社は「法人」という存在が事業を行っているという考え方をします。

法人は「法人格」という、権利の認められた存在だと聞きました。

そうです。起業家個人と法人を別の人格と考えるため、事業の主体は法人といえます。つまり、起業家は法人という存在を介して、取引をしているということになるんです。

個人事業は自分の責任でお客さんと取引することになるんですね。

責任は大きいですが、法人よりも事業主の裁量が大きく、利益がそのまま収入となるメリットもありますよ（→P18）。

法人格

権利や義務があることを、人間以外で法律上認められている存在。これに対し、人間は自然人と呼ばれる。

［ 個人事業は自分が事業の主体になる ］

個人事業

顧客に対して事業主が商品・サービスを直接提供する。事業の主体は事業主であり、事業の全責任を負っている。事業の利益はそのまま個人の収入となる。

商品・サービス

支払い

**事業主と顧客が
取引する**

事業主

顧客

法人の場合は……

役員報酬

経営

経営者

主体

商品・
サービス

支払い

顧客

配当金

出資

株主

法人

**法人と顧客が
取引する**

経営者や株主の出資のもと、法人が顧客と取引をする。顧客からの支払いを法人が受けとり、起業家本人を含む経営者や株主が役員報酬や配当金を受けとる。

個人事業のメリット。開業がラクで自由度が高い

個人事業の開業手続きはシンプルで、事業内容に関する変更も自由に行うことができます。

個人事業は簡単にはじめることができるって聞いたことがあるんですが、ホントでしょうか？

個人事業をはじめるには開業届と事業開始等申告書（→P86）を提出すればOK。会社設立よりも手続きがシンプルなので、開業が容易といえますね。

それはうれしいですね！

法人よりも会計処理の負担が軽いのと、事業内容の変更や追加などが行いやすいというのも個人事業のメリットですね。

ほかにもメリットはありますか？

個人事業は自分が事業の主体となりますから、事業に関するいろいろなことを、自己判断で自由に決めることができるんです。

自由度が高いというのもメリットなんですね。ワクワクしてきました！

開業届
詳しくはP86。提出しなくても罰則はないが、青色申告承認申請書（→P158）の提出ができないなど、不利になることがある。

事業開始等申告書
詳しくはP86。都道府県や市区町村に事業を開始したことを通知する届出。

["シンプルさ" と "自由さ" が魅力]

メリット①

開業届・事業開始等申告書
だけで手続きが完了!

複雑な手続きがなく、開業届・事業開始等申告書を提出するだけで開業できる。開業手続きに関する費用も発生しないので、費用をおさえながら、すぐにはじめることができる。

メリット②

法人よりも
会計処理がシンプル

個人事業主も法人の場合も確定申告（→P142）をしなければならない。これは、取引やお金に関する記録をもとに作成する。個人事業主はシンプルな「単式簿記」（→P148）を選択できる。

メリット③

事業内容の変更や
追加が簡単

法人の場合、事業内容の変更や追加をするときには所定の届出が必要になる。一方、個人事業主は届出をしなくても、事業を自由に変更できる（許可が必要な事業は別）。

メリット④

稼いだお金を
自由に使うことができる

法人の場合は、稼いだお金は会社の資産になるが、個人事業はそのまま個人の収入になる。そのため、そのなかから、どれくらい事業の費用を出すのか、プライベートに回すのか、自由に決められる。

メリット⑤

原則として、いつやめてもOK

事業を廃止するときには廃業届を提出するだけでよい。法人はさまざまな手続きが必要になり、すぐにはやめられない。

個人事業のデメリット。信用度とリスクの大きさ

個人事業は取引の際に不利になったり、損失が出たときのリスクが大きくなったりすることがあります。

メリットがたくさんあって、個人事業のほうが会社をつくるより断然いいように思えてきました。

たしかに個人事業も魅力的だけど、僕は社会的信用度を考えると、会社にするほうがいいかな。

社会的信用度
社会から信用を得られる度合。

どうしてですか？

たとえば、ネット通販でなにか買おうとしたとき、個人が販売しているものと、どこかの会社が販売しているものがあったと考えてみましょう。価格は同じです。どちらを買いたいですか？

会社のほうですかね。しっかりしてそうだし。……あっ！

全責任
法人の場合も個人が連帯保証人になっていれば責任を負うことになる。

お察しのとおり、法人であることだけで、得られる信用があるんです。それから、個人事業主は事業の全責任を負っているため、大きな損失が出たときのリスクも大きくなってしまいます。

損失
利益や財産（お金以外も含まれる）がなくなってしまうこと。

［ 法人と個人では、与える印象が異なる ］

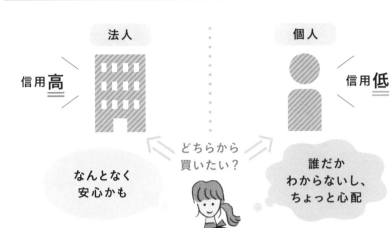

取引の際、まったく知らない個人事業主と法人のどちらかを選ぶとき、顧客は法人を信用しやすい。

［すべての責任を、事業主が負う］

個人事業主は、事業に関するすべての責任を負う。債務が膨れ上がったときには、その損失を自身の財産から補てんすることになってしまう。

会社の形態には
4つのタイプがある

会社には、4つの種類があります。それぞれの特徴を知って選択しましょう。

会社には「株式会社」「合同会社」「合資会社」「合名会社」の4種類があります。

いっぱいあるんですね

そうなんです！　ただ、たいていの人は**株式会社か合同会社を選びます。**

株式会社と合同会社は**有限責任**なんですよね。

そのとおり！　**債務**があったとき、責任が有限なら**出資者**は出資額だけが損失となります。無限なら、すべての債務の**弁済義務**が発生してしまいます。

債務が500万で出資額が100万なら、有限は100万の損失で済むけど、無限だと残りの400万も払う義務があるということですね。

そうなんです。ただ、多くの人はこの責任の有限、無限よりも設立費用や信用などをふまえて会社の形態を決めます。

債務
他者に対して、一定の行為をする義務。経営上の用語では、借りたお金（借入金）を指すことが多い。

出資者
起業の際に、資金（財産を含む）を提供する人。起業家本人も含まれる。

弁済義務
借入金のある者が借入金を返済する義務。

［ 責任の範囲で、大きく2つに分けられる ］

有限責任

出資額の範囲内の
損失がある

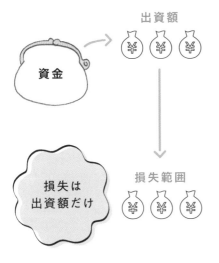

無限責任

出資額にかかわらず、
すべての債務の返済が必要

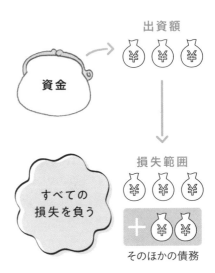

株式会社

投資家が出資し、投資家が選んだ人が会社を経営する。1人起業の場合、起業家自身が出資・経営することになる。

合名会社

原則として社員全員が出資して経営者となり、全員が無限責任を負う。

合同会社

社員が出資する。原則として出資した社員のみで構成・経営される。

合資会社

有限となる人もいる

無限責任社員と有限責任社員が必ず1名以上必要。経営は社員が行う。

＼ **代表的な**タイプ ／

株式会社 vs 合同会社 どちらを選ぶ?

メリット・デメリットを考慮して、総合的に判断しましょう。

日本の会社には「株式会社」「合同会社」「合資会社」「合名会社」の4つのタイプがありますが、現在もっとも多いのは株式会社です。

その一方で、近年少しずつ増えてきているのが合同会社になります。合同会社は、2006年に施行された会社法により、「有限会社」が廃止された一方で（それまで有限会社だった会社は継続が可能）、新しく登場した会社形態です。知名度のある

企業としては、「Apple Japan」「アマゾンジャパン」、スーパーで有名な「西友」などが挙げられます。

株式会社にも、合同会社にも、それぞれメリット・デメリットがあるので、それを理解したうえで選択しましょう（→右ページ参照）。無料の起業相談で話を聞くのもよい方法です。それでも迷った場合には、長く親しまれている株式会社を選択したほうがよいでしょう。

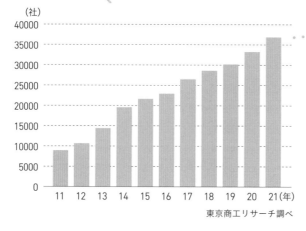

（ 合同会社の新設会社年間推移 ）

東京商工リサーチ調べ

新設された会社のうち4社に1社が合同会社

合同会社の設立数は年々増加しており、現在は全法人の4社に1社となっている（2021年時点）。

比較してみよう！

設立費用

株式会社		合同会社
約24万〜	vs	約10万〜

⇒費用をおさえやすいのは、合同会社

合同会社のほうが、設立手順が少なく（→4章）、設立費用をおさえることができる。

意思決定の早さ

株式会社		合同会社
株主総会	vs	社員の話し合い

⇒早いのは、合同会社

株式会社はなにかを変更する際には、経営陣は出資者（株主）と話し合う必要がある。合同会社は出資者と経営陣が一致するので、社内の話し合いだけで決定できる。

株式会社

出資者（株主）　　　　　　経営者

合同会社

出資者（株主）　　　　　　経営者

信用度

株式会社		合同会社
○×△株式会社 代表取締役 ソシム　太郎	vs	○×△合同会社 代表社員 ソシム　太郎

信用を得やすいのは、株式会社

合同会社は新しい形態なので、株式会社より浸透しておらず、信用を得にくいことがある。たとえば、代表の肩書は株式会社が代表取締役なのに対し、合同会社は代表社員。立場が理解されないこともある。

社会的信用が得られ節税もできる!

法人は社会的信用度が得られやすく、利益が大きくなると節税効果も高いメリットがあります。

法人は、社会的信用が個人事業よりも比較的得られやすいといわれてますよね。

そうです。ただ、もちろん法人というだけで「顧客に絶対に信用してもらえる」というわけではありません。注意しておきましょう。

節税もできると聞きました。

利益が大きいほど、法人のほうが節税しやすいです。個人事業の場合、利益が上がるほど、右の図のように所得税が高くなってしまいますから。その人の状況によりますが、だいたい年間所得が600万円以上になるなら、法人のほうがいいかもしれません。

600万円ですか。僕にはちょっとハードルが高そうな気がします。ほかにもメリットがあるんですか?

加入できる社会保険が、個人事業よりも比較的保障が手厚いのも特徴です。

節税

法律の範囲内で税金の負担を減らすこと。違法なものが脱税といわれる。

［ いちばんは節税。そのほかのメリットも ］

メリット① 利益が高くなるほど、節税になる

個人事業は利益が上がるほど、個人にかかる所得税は増えていく。一方、法人は年間所得800万円を区切りに2段階の税率。大きな利益が見込めるなら、法人のほうが節税になる。

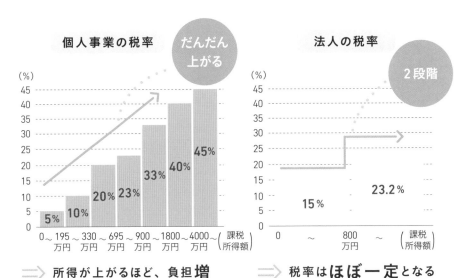

個人事業の税率 だんだん上がる

（％）

- 45
- 40
- 35
- 30
- 25
- 20
- 15
- 10
- 5
- 0

| 0〜195万円 | 〜330万円 | 〜695万円 | 〜900万円 | 〜1800万円 | 〜4000万円 | （課税所得額） |
| 5% | 10% | 20% | 23% | 33% | 40% | 45% |

⟹ 所得が上がるほど、負担**増**

法人の税率 2段階

（％）

- 45
- 40
- 35
- 30
- 25
- 20
- 15
- 10
- 5
- 0

| 0 | 〜 | 800万円 | 〜 | （課税所得額） |
| | 15% | | 23.2% | |

⟹ 税率は**ほぼ一定**となる

メリット②

社会的信用が個人事業よりも比較的得られやすい

法人は、個人事業よりも比較的社会的な信用度が高いとされる。取引で有利になる可能性もある。

メリット③

健康保険や厚生年金保険に加入することができる

健康保険や厚生年金保険（総称：社会保険）に加入でき、個人事業と比べて手厚い社会保障（→P152）を受けることができる。

デメリットは複雑な手続きや事務処理が必要なこと

会社は設立までの手続きがたいへんで、さらに経営するうえでの事務処理の負担が大きいです。

会社設立のデメリットは、多くの手続きが必要になることです。

いろいろな公的機関に必要な書類を用意して申請しないといけないですよね。専門家に頼んだほうがいいですか？

がんばって1人で手続きをする人もいますが、専門家に頼めば間違えて申請するリスクも減るし、時間の節約にもなります。もちろん費用はかかりますが。

なるほど！　でも、誰に相談すればいいんですか？

設立の手続きは司法書士。税金関連は税理士に事前に相談しておくといいでしょう。自分の事業が個人事業よりも節税になるのか確認できます。このあたりは自分では見極めが難しいです。

起業したあとも税務処理はたいへんですし、いまから信頼できる税理士を見つけておいたほうがよさそうですね。

司法書士
専門的な法律の知識に基づき、登記や法務局、裁判所に提出する書類の作成を代理で行える。

税理士
税務申告やお金関連の書類作成などを代理で行ってくれる。

［ 時間・手間のかかる手続きの例 ］

設立のための手続き

個人事業が税務署に開業届を提出するだけで開業できるのに対し、法人はさまざまな公的機関に必要な書類を用意・申請しなければならない（→4章）。設立費用もかかる。

関係する公的機関

・税務署　　・法務局

・都道府県税事務所

・市区町村役場　　など

税務処理の手続き

法人のほうが、個人事業主よりもかかる税金の種類が多く、税務処理が複雑。そのため、自力で行うのはなかなか難しい。法人の場合は税理士に依頼する場合がほとんど。

自分の負担が大きいときは各専門家(→P186)を頼ろう

事業の変更の手続き

事業内容を変更するためには、所定のSTEPを踏んだあと、手続きをしなくてはならない。また、廃業する場合にもさまざまな書類申請をする必要がある。

社会保険の手続き

法人は社会保険への加入が義務づけられているため、設立後に加入手続きをする必要がある。この加入も、年金事務所などで届出をしなくてはならない。

**Q 個人事業から法人に
変えることはできますか?**

**A はい。会社設立の手続きのあとに
個人事業の廃業手続きをします。**

　はじめは個人事業として事業をスタートさせた起業家が、数年後に法人に変更したいと相談するケースは多いです。個人事業から法人化することは「法人成り」と呼ばれています。

　法人化の検討のタイミングとしては、利益を確認し、個人事業の税率と法人の税率を比較してみましょう（→P27）。法人化したほうが、税率が低くなるなら、メリットがあると考えられます。また、取引の都合上、法人であることが必要になる場合もあります。

　「個人事業のままがよいのか」「法人化したほうがよいのか」の判断を自分だけでするのは、なかなかたいへんです。税理士に相談したり、ネットの簡易シミュレーションを試してみましょう。ネットの簡易シミュレーションは、売上や経費などの金額を入力すると、どれくらい税金が控除されるかを算出してくれます。

　その結果、「法人にしたほうがよい」となったら、まずは法人設立の手続き（→4章）をします。設立時の費用は、通常の設立時と変わりません。そのあと、個人事業主の廃業の手続きを行って法人化は完了です。ただし、一部の事業のみを法人化する場合には、個人事業の廃業の手続きは必要ありません。

第 2 章

ビジネスプランを
立てよう

起業で成功するために欠かせないのがビジネスプラン。
アイデアを具体化するコツがあります。

目指せ！
ブルー
オーシャン

自分の「やりたい!」と世の中のニーズを考える

事業のジャンルをどうするか考えましょう。成功率を上げる法則があるので参考にしてください。

まずは右ページの図を参考に起業ジャンルを考えてみましょう。

❸の「自分がやりたいこと」はあっても、ほかはすぐには浮かばないかも……。

この３つが重なる部分で起業すると、成功の確率が上がります。じっくり考えることが重要です。いま、具体的なアイデアをもっている人も見直してみましょう。

❶の「社会が求めていること」っていうのは、ニーズのことですよね。難しいなぁ。

これが欠けていると、失敗してしまいます。ニーズがないってことは、買う人がいないということです。ニーズを考えずに「絶対売れる！」とは思わないこと。

つねに買い手目線（マーケットイン）に立つことを意識しないといけないですね。

外の世界にアンテナを張って、気になることは積極的に情報収集をしましょう。

ニーズ
不満や不足を解消したいという欲求。

マーケットイン
市場のニーズに合わせて、商品・サービスを提供する手法。反対に売り手が売りたい商品・サービスを提供するのは「プロダクトアウト」といわれる。

[事業選びの3つのポイント]

①

社会が求めていること

**順番に
書きだして
みましょう**

ニーズがあるものを考える。自分がいいと思う
商品・サービスでも、欲しいと思う人がいない
とビジネスとして成り立たない。

見つけるには

● 周りの人に困りごと・関心があることを聞く
● 街を歩く
● 新聞やネットで情報収集する

②

自分ができること

商品・サービスを思いついても、実
現できる力がないと提供できない。
自分にどんな力（強み）があるのか
を考える。

見つけるには

● 自分の性格や特技、もってい
る人脈や経験してきたことなど、
自分について、なんでもいいか
ら書きだしてみる

③

自分がやりたいこと

起業で成功するためには、多くの労
力を必要とする。「自分のしたいこ
と」のためだとモチベーションを保
てるし、その熱意が人に伝わり、信
用を得ることにもつながる。

見つけるには

● 自分が興味のあることを考える
● 自分のなりたい未来を想像する

**起業
ジャンル**

3つの円が重なる部分が
いちばんの理想

3つの円が重なる部分が理想の起業ジャン
ル。さらに、現実的に考えて成功しそうかど
うかも考えられると◎。「流行に左右される」
「赤字覚悟の商売方法になる」などは危険。

ビジネスアイデアの生みだし方

事業の具体的なアイデアが思いつかないときは、既存のビジネスを参考にします。

なんとなく起業するジャンルが定まってきたら、アイデアをさらにブラッシュアップしていきましょう。

でも、アイデアって、そんなにポンポンでてこないですよね。

世の中には、すでにたくさんのビジネスがあります。そのなかで自分のアイデアに生かせるものを探してみましょう。

既存のビジネスと自分のアイデアをかけ合わせたらいいということですね。

そうです。右図は**オズボーン**のチェックリストです。アイデアを生みだすときに役立ててください。

自分がこれまで経験した業種や職業もヒントになりそうです！

アイデアは、たくさんあればあるほど◎。思いついたら、なんでも メモ しましょう！

オズボーン

アメリカの実業家。集団で意見を出し合ってアイデアを生みだすという「ブレインストーミング」方式を考案した人物。

メモ

手書きでなくてもOK！スマホのメモ機能も活用しよう。あとで見返すことで、思わぬヒントが得られることも。

［ オズボーンのチェックリスト ］

思い浮かんだキーワードに対して、9つの質問に答えることでアイデアを生みだそう。

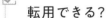
転用できる?

広く認知されていないものを導入したり、改良したりして新たな使い道をつくりだす。

例 海外で人気の商品・サービスを日本に初上陸させる

応用できる?

成功している商品・サービスのなかにマネできる要素がないかどうかを考える。

例 完全受注型でオリジナルで希少性のあるものにする

変更できる?

色、音、におい、材質など、変更したり、追加したりすることで使える要素があるものを考える。

例 昔ながらのパッケージを現代風に変えて売りだす

拡大できる?

大きくしたり、強く、高く、長く、厚く、広くする。時間を延ばしたり、頻度を増やしてみる。

例 通常の食器よりも衝撃に強くして幼児用の食器にする

縮小できる?

小さくしたり、弱く、低く、短く、薄く、狭くする。手順を減らすなど、削れる要素を考える。

例 片手サイズに小型化したスマートフォン

転用できる?

材料や素材、方法、動力など、代わりに使うことができるものがないかどうかを考える。

例 小麦粉アレルギーの人のために米粉ケーキをつくる

再利用できる?

要素や型、レイアウト、順序などを変えてアレンジできないかどうかを考える。

例 小説のストーリーを簡略化して漫画にしてみる

逆転できる?

前後左右などの順番や、役割や目的、長所や短所を逆転させて使えるものがないかを見つける。

例 ペン文字を消せるようにしたボールペン

結合できる?

ほかの商品・サービスから、組み合わせることができそうな、異なる要素を考える。

例 携帯電話に少額決済機能をもたせるアプリ

許認可が必要か事前に確認する

許認可が必要な事業は、運営に要件があることも。許認可の必要性を必ず事前に確認しましょう。

アイデアが固まったら、次は商品・サービスの具体化ですよね？

そのまえに、許認可が必要かをチェックしましょう。業種によっては、資格が必要だったり、要件があったりします。

許認可をとらないで、営業してしまったら、どうなりますか？

法律違反となるので、罰則を受けることになるかもしれません。もし許認可が必要なら、別案も検討しましょう。許認可をとるのが難しいこともあるからです。

許認可には、許可・認可（免許）・登録・届出と4つの種類があるんですよね。業種によって変わると聞きました。

許可は厳しい審査を受けます。認可は行政の同意があればOK。登録は一定の要件を満たして、所定の事項を登録。届出は文字どおり、届出を提出するだけです。**申請先は業種によって異なります。**

許認可

特定の事業を行うことに対して、行政機関から取得する許可あるいは認可。

罰則

許認可の罰則は、業種によって異なる。営業停止のほか、罰金刑、懲役刑などがある。

〔 許認可が必要な主な業種 〕

業種	例	手続きの種類	申請・届出先
飲食業	レストラン、喫茶店の経営	許可	保健所
美・理容業	美容院、理髪店の経営	届出	
クリーニング業	クリーニング店の経営	届出	
人材紹介業	有料職業紹介	許可	都道府県労働局
人材派遣業	労働派遣事業	許可	
旅行業、旅行代理業	旅行代理店	登録	観光庁長官、都道府県知事
介護事業	介護サービス	許可	都道府県知事
不動産業	不動産の売買・仲介	免許	都道府県 or 国土交通大臣
タクシー業	個人タクシー	許可	運輸局
中古品売買	××の買い取り	許可	警察署

自分が成しとげたいことを明確にする

アイデアと一緒に、起業理念についても考えましょう。
成功のカギになるかもしれません。

 起業理念って、必ず決めないといけない
ものなんでしょうか？

 理念の有無は起業の成功にも関係します。
たとえば、「ただ儲けたい！」という事
業と、「世の中に貢献したい！」という
熱い思い（理念）がある事業があったと
して、どちらを応援したいと思うでしょ
うか？

 圧倒的に後者ですね。企業のホームペー
ジとかを見ても、しっかりした理念があ
るところだと好印象を受けますし、応援
したくなります。

 そうですよね。起業理念があると、営業
や経営姿勢だってブレない。そうするこ
とで顧客からの信頼も獲得できます。起
業理念をじっくりと考えて、自分の目指
す事業のあり方をハッキリさせておきま
しょう。

 起業理念は自分にとってのモチベーショ
ンにもなりそうですね！

起業理念
起業に際して大切にし
ている考え方や事業の
目標。

モチベーション
物事を実行する強い動
機のこと。原動力、や
る気になる。

[起業理念の有無が成功を左右する]

起業理念が
ない

儲けたい　しかたなく

顧客から信用されない

がんばれない

自分の欲望や消極的な動機だけで事業を続けると、顧客から信用が得られず、失敗してしまうケースが多い。苦境になったときのふんばりも効かない。

起業理念が
ある

世の中の
ために　助けに
なりたい

顧客から信用される

モチベーションになる

理念のもと、強い熱意をもって行動していると、それが顧客に伝わって信用されやすい。また、自分が事業を続ける原動力にもなる。

[自分の理念を書いてみよう]

自分が事業を通し、どんなことを成しとげたいのかを
書きだして、明確にしておこう。

方法　　　　　　　　　　　　　結果

🖊 _____　して　🖊 _____ ！

例　１人で悩む人をサポートして、 世の中を明るくしたい！

買いたい！　使いたい！　につながる

競合調査

ライバルを
徹底的に分析する

戦略を立てるには、ライバルのことを知る必要があります。そのためにまず行うのが競合調査です。

競合相手を調査するなら、まず QPS に着目します。Q はクオリティ（品質）、P は価格、S はその他のサービスです。

QPS

Quality Price Service の頭文字を合わせたもの。商品・サービスの差別化を考える際に着目するポイントを指す。

飲食店だとしたら、クオリティは「味」、価格は商品の「値段」ですね。でも、その他のサービスってなんでしょうか？

Q と P 以外のプラス α の要素です。たとえば、購入したらこんなオマケがあったとか。気になるお店があったら、積極的に足を運び、観察しましょう。

実際に商品を購入するのも大事ですよね。資料請求したり、WEBサイトの口コミも参考にしたりできそう。

口コミ

消費者の感想や意見。商品・サービスの提供元のサイトのほか、口コミ専用のWEBサイトや、一般の人がSNSで発信しているものも参考になる。

いい作戦です。競合調査はどれだけ時間をかけてもいいくらい重要なもの。いろいろなところから情報収集することを意識しましょう。これは起業後も続けます。

自分も人にとっての競合他社になりますもんね。勝つためには、相手を知らないと。

[情報収集&分析のやり方]

☑ 商品の購入

人気のある商品・サービスを実際に購入・使用する。使用感や改良できる点など、気付いたことを書きだそう。

☑ 資料請求

競合他社の人気のある商品・サービスの資料を請求して、隅々まで読んでみる。

☑ Web検索

提供元のサイトで、商品・サービスの情報のほか、コンセプトや事業展開などの情報をチェックする。

☑ 現地調査

飲食店やコンサルなど、自分で体験できる商品・サービスの場合は積極的に足を運び、自分の目で観察する。

☑ 先輩経営者へのヒアリング

先輩経営者がいる場合、どんな商品・サービスにニーズがあるか、どんな価格設定にしているかなどを聞いてみる。

分析すること

- ☑ ターゲットは？ニーズは？
- ☑ 商品のサービス・質は？
- ☑ どんな技術に優れている？
- ☑ 価格は？
- ☑ ブランド性は？
- ☑ 販売方法は？
- ☑ 宣伝方法は？
- ☑ 強みや弱みは？
- ☑ 成功した理由は？

大量の情報から、上記の情報を整理して比較してみよう。

ターゲットの設定は
できるだけ具体的に

ターゲットを広くしすぎるのは、ありがちな失敗ケースです。具体的に設定するコツを覚えておきましょう。

 売上を伸ばすならターゲットはしぼらず、広くしたほうがいいのでしょうか？

 たとえば、テレビCMで自分が学生時代に流行っていた曲が流れたら、つい見てしまいませんか？　これはその年代をターゲットにしているからなんです。サービスだって、若者に好まれるものと、シニアに好まれるものは違いますよね。

 ターゲットをしぼらないと、サービスや宣伝の方向性が決められないんですね。

 内容も価格も拠点も、すべてはターゲットがあるから打ちだせるもの。「誰にでも広く」っていうのは、結局「誰にもささらない」ものになってしまいます。

 すぐにしぼるのは、難しそうです……。どうしたらいいんでしょう？

 右ページを参考に、ターゲットを具体化（ペルソナ設定）しましょう。サブまでなら、範囲を広げてもかまいません。

ペルソナ設定
商品・サービスのターゲットを1人（1社）にイメージできるくらいに、細かく具体化すること。

サブ
メインターゲットの次に、狙いたいターゲット。サブターゲットのこと。

[ターゲットを設定する]

自分の考えを明確にするために、下の質問に答えてみよう。

ターゲットが個人のとき

どこに住んでいる？

年齢・性別は？

年収は？

家族構成は？

どんな悩みがある？

どんなことに関心がある？

共感しやすいテーマは？

ターゲットが法人のとき

会社はどこにある？

どんな業種？

年間の売上は？

従業員の数は？

従業員の平均年齢は？

会社の課題はなに？

どんなことを目指している？

ターゲットを設定したら、それに見合う（適した）商品・サービスの内容、宣伝方法などを考えていけばいい。

ターゲットにより好みや趣向は異なります

差別化のカギは 提供価値とUSP

提供価値と USP が他社と差別化できるほど、商品・サービスの魅力はアップします。

 ふだんから、あらゆる商品・サービスに提供価値を考えるクセをつけましょう。

 提供価値とは、具体的にはどういうことを言うんでしょうか?

 たとえば、セレクトショップなら「センス」、コンビニなら「便利さ」。家なら、「やすらぎ」「所有欲を満たす」とかもありますね。

 商品・サービスが根本的になにを提供しているかを考えればいいんですね。

 そして、「それは優れているものなのか」「ライバルにないものなのか」どうかを考えていきます。すると、USP も見えてくるはずです。

 「なぜここを選ぶ必要があるのか」「ほかではダメなのか」ということですね。

 USP が他社と差別化できるほど、ブルーオーシャンで戦えて有利といえます。

提供価値
本質的な価値。「この商品・サービスによって、なにが得られるのか」を突きつめて考えることで見つけることができる。

USP
Unique Selling Proposition の略語。
他社と差別化でき、顧客を獲得するための武器となるような「独自の強み」のこと。

ブルーオーシャン
ライバルが存在しない・少ないといった、これから新たに開拓できる市場。

［ USPとビジネスの領域 ］

> どうしてあなたのところを
> 選ぶ必要があるんですか？

自分の事業のUSPを5
つ書きだしてみよう。

それは、

① _____
② _____
③ _____
④ _____
⑤ _____

USP

だからです

独自性が
高い

ほかと
似ている
かも……

ブルーオーシャンだ！

USPが競合他社と大きく差別化で
きるほど、ライバルの少ないブルー
オーシャンの可能性大。起業の成功
率が上がる。

レッドオーシャンかも

USPが他社と似ているほど、価格
競争の激しい市場など、ライバルの
多い領域（レッドオーシャン）にな
る。生き残るのが難しい。

「レッドオーシャンになりそう」
と思ったら、商品・サービスを見
直し、ブルーオーシャンを目指せ
るUSPをつくろう。

危険

ブラックオーシャン

採算が合わないなど、ビジネスにす
るのが難しい領域。新しい市場だと
勘違いしてしまうことも。この領域
は起業相談の専門家に聞かないとわ
からない。

価格

買い手の反応を考えて
価格を決める

「せっかくの商品・サービスだから、理想は高く、価格も高く！」としてしまうのは危険です。

商品・サービスの価格を考えるときには、自分の希望だけでなく、値ごろな価格なのかどうかも考えましょう。買い手目線に立つことが大事です。

買う側がどう思うかを考えたらいいんですね。だとすると、僕の希望価格はちょっと高いかもしれません……。

まずは**プライスポイント**を考えてみましょう。それで、自分の希望価格に折り合いをつける必要もでてきます。商品・サービスそのものを再検討したほうがいいこともあるかもしれません。

プライスポイント
「その価格なら買いたい」と8割の人が思う値ごろな価格のこと。

でも、どうしても高めの価格設定になることもありますよね。そういうときは、どうしたらいいんでしょう？

「いきなり高いものだけを売る」のは、よくある失敗のもとです。顧客との接点をつくるための、本命とは「別」の商品・サービスを用意する**マーケティング手法**を覚えておきましょう。

マーケティング手法
顧客の欲求を満たし、商品・サービスが売れるようにするための方法のこと。

［ 買い手の反応を考える ］

商品・サービスを勧める

顧客

反応

あなた

もっと安い
ところが
あるかも

予算が
厳しいかも

どんなに自分がいいと思っている
商品・サービスでも、買うかどう
かは相手の都合。相手目線に立っ
て、自身の希望と折り合いをつけ
た価格にすることも必要。

［ 顧客との接点をつくる手法 ］

＼ 集客する ／

フロントエンド商品

例 ちょっといいレストランの
お手ごろランチ

とりあえず一度購入・利用してもらい、
知ってもらうことを目的とした商品・
サービス。お得な価格に設定する。

＼ 試してもらう ／

無料オファー

例 有料アプリの期間限定
無料サービス

無料で使用、体験できる商品・サービ
ス。たくさんの顧客と接点をつくるこ
とが目的。

＼ 本命！ ／

バックエンド商品

最終的に売りたい商品・サービス。こ
れの売上が事業の存続を左右する。

つなげる

フロントエンド商品や無
料オファーの提供時に、
バックエンド商品の宣伝
や告知をして顧客の獲得
につなげる。

再検討

商品・サービスを 仮説・検証しよう

考えた商品・サービスの内容でうまくいくかどうか、3つの要素から見直します。

 「誰に」「なにを」「どのように」の3つの要素について改めて考えてみましょう。

 「ターゲット」「提供する商品・サービス」。あとは、価格や販売場所・方法、**決済**の方法などの「売り方」ですね。

 この3つを考えたら、次はその組み合わせで勝てるのかどうかを検証していきます。

 それって実際にやってみないとわからないような……。どうやって検証したらいいんですか？

 再び競合調査（→P40）を行い、この3つの要素が他社と差別化できているのか検討します。次に**ニーズ調査**で需要を確かめましょう。差別化できていなかったり、需要がないとわかったら、最初の3つの要素を再考することが必要です。

 要素の組み合わせを変えたり、新しくする必要がでてくることもありますね。

決済
売買取引を完了させることだが、一般的にはお金を支払う方法のことをいう。

ニーズ調査
消費者に需要があるかどうかを確かめるために行う調査。

［ 商品・サービスを見直そう ］

仮説

考えた商品・サービスの3つの要素を書きだしてみよう。

要素
1

誰に？
（ターゲット）

要素
2

なにを？
（商品・サービス）

要素
3

どのように？
（価格・販売方法など）

検証

納得のいく
3つの要素を
見つけるまで
繰り返す

競合調査

再び競合調査を行い、内容、ターゲットや価格体系など、他社と似たものになっていないかどうかを確認する。

ニーズ調査

考えた商品・サービスのターゲット層に、アンケートを実施する。友人知人と話したり、SNSで意見を集めたりする。

差別化
できている？

この価格なら
買いたい？

ターゲットが
重ならない？

こういう
サービスなら
欲しい？

差別化が不十分だったり、需要がないとわかったら、3つの要素の組み合わせを見直し、再度検証を。うまくいきそうなものが見つかるまで根気よく繰り返そう。

オンラインとオフライン。2つの集客方法

商品・サービスを決めたら、今度はそれをどう宣伝していくかを考えていきます。

 競合他社と差別化できる商品・サービスであることは重要ですが、それだけでは売上にはつながりません。ほかにはなにが必要だと思いますか？

 宣伝ですよね！　どんなによいものでも、まず知ってもらえないと買ってもらうチャンスはないわけですから。

 魅力を伝える努力って重要ですよね。僕も営業部にいたときは、電話や飛び込み営業がたいへんだったなぁ。

 そのとおり。成功するためには、魅力ある商品・サービスと、それを伝える集客戦略が必要で、集客方法には**オフライン集客**と**オンライン集客**があります。

オフライン集客
インターネットを使わない集客方法。

 他社も宣伝に力を入れているから、いろんな手段で集客しないといけないですね。

オンライン集客
インターネットを使った集客方法。

 それから、集客した顧客に対して、どうやって商品・サービスを提供するかも考えていく必要があります。

［ 2つの集客方法：それぞれの主な手段 ］

オフライン集客

人脈・紹介営業

すでにもっている人脈から営業をかけたり、営業先を紹介してもらったりする。

電話・飛び込み営業

電話もしくは直接訪問をして、とにかく多くの営業をかける。

ポスティング

事業拠点近隣の住宅や会社に、商品・サービスを宣伝するチラシを投函する。

ビラ配り

駅前や事業拠点の近くの路上で、販促のためのチラシを手渡しで配布していく。

新聞折り込み

事業拠点のあるエリアの新聞に、販促のためのチラシを折り込んで配布してもらう。

フリーペーパー

フリーペーパーの広告枠を購入し、自分の事業の宣伝広告を掲載してもらう。

※それぞれの短所と長所はP53。

オンライン集客

ホームページ

ホームページをつくり、事業の情報を発信する。

自社ブログ

自分の手でイチからブログを作成して、事業や商品・サービスに関する情報を発信する。

無料ブログ

無料で使えるサービス（例：アメブロなど）でブログをつくり、情報発信する。

メルマガ

ターゲットに対し、提供したい情報をまとめて定期的にメールで発信していく。

SNS

ツイッターやインスタグラムなどのSNS（→P54）を駆使して、情報を発信する。

ポータルサイト

業種別など、似たカテゴリの情報を公開するサイト（ポータルサイト）に登録する。

オフライン集客は効率を意識する

オフライン集客をするときは、いかに効率よく動くかが重要になります。

 オフライン集客をするときは、まずはエリアを考えます。限られた**マンパワー**＆予算内で、効率的に**集客できる手段を検討**しなくてはなりません。

マンパワー
仕事をするうえで必要となる労働力、人的資源のこと。

 ターゲットがいない場所で行っても意味がないし、どんな手段であっても、お金と手間がかかりますもんね。

 費用をおさえたいなら、飛び込み営業、ポスティング、ビラ配りなど。新聞の折り込みや**フリーペーパー**は費用がかかりますが手間は少なくて済みます。

フリーペーパー
無料で持ち帰ることのできる情報冊子。掲載する企業からの広告収入などによって制作される。

 新聞折り込みは高額だから、僕にはフリーペーパーがよさそうです。

 フリーペーパーの場合、クーポンを付けておくと効果的ですよ。反応をみて、適宜、方法を変えていきましょう。戦略的にアプローチすることが大切です。

 「がんばって営業すればなんとかなる」みたいな根性論ではダメなんですね。

〔 オフライン集客手段の長所と短所 〕

人脈・紹介営業

長所 つてを頼るので、場合によっては、すぐに取引先を獲得することができる。

短所 やがて営業先が尽きてしまうため、別の方法で集客しなければならなくなる。

電話・飛び込み営業

長所 業種やエリアなどをしぼりこんで行うことができれば、有効な営業手段になる。

短所 話を聞いてもらえる確率が低いので、効率が悪い。

ポスティング

長所 近隣エリアを対象にした事業の場合は効果がある。自分で配布すれば、コストがおさえられる。

短所 大きく集客につながることは少ない。配布するとがんばった気持ちになるが、労力に見合わないことが多い。

ビラ配り

長所 時間、場所、ターゲットをしぼると、効率的に宣伝できる。自分で配布すると、コスト削減にも。

短所 必ずしも、受けとってもらえるとは限らない。大きな集客にもつながりにくい。

新聞折り込み

長所 事業エリアが限られている場合、一気に知ってもらうことができ、大きな集客につながる可能性がある。

短所 印刷代や折り込み代など、莫大な費用がかかってしまう。資金不足になりがちな起業当初はできないことが多い。

フリーペーパー

長所 特に、主婦層に向けた販促効果が高い。割引やクーポンを付けると、さらに集客力UPにつながる。

短所 1回の掲載ごとに費用がかかってしまう。一緒に掲載されている同業他社と比較されやすい。

SNSはターゲットに合わせて活用する

自分のターゲット層が使っているであろうSNSを駆使して集客につなげましょう。

SNSの影響力は大きいですよね。僕は**フェイスブック**を利用していますが、宣伝に使えるんでしょうか？

主なSNSを右ページにまとめてみました。それぞれ使っている層が違うんです。SNSで集客するときは、ターゲットに適したものを使うのがコツです。

女性は**インスタグラム**と**ツイッター**が多いんですね。

SNSを全部やっている、という人はあまりいません。だから、ターゲットが女性なのにフェイスブックで発信していても、届かない可能性があります。

逆に中高年層やシニア向けなら、フェイスブックで発信したほうがいいということですね。

第一にメインターゲットが使っているものを使いましょう。余裕があるなら、ほかのものにもチャレンジしてください。

フェイスブック
実名公表制のSNS。実名投稿のため、ビジネスの付き合いでも活用されやすい。Meta Platforms, Inc.が運営している。

インスタグラム
匿名可能（実名でもいい）なSNS。写真と動画の共有が中心。アメリカのMeta Platforms, Inc.が運営している。

ツイッター
匿名可能（実名でもいい）なSNS。日常のことを「つぶやく」、短文投稿が中心。アメリカのTwitter, Inc.が運営している。

［各SNSの特徴と主な利用者］

若年層・女性向け

コミュニティ形成力が高い

拡散力が高く、うまくいけば大きな反響を得られる。マスコミが取材対象を探すツールとしてもよく活用されている。

インスタグラム

写真、動画の投稿がメイン。自分はアップしないが、「見るだけ専用」として使っている人も多い。特に、"映える"写真が重要視される。

ツイッター

短文と写真、動画で情報を発信する。20代を中心に幅広いユーザー層に利用されている。拡散力はインスタグラムよりも優れている。

中高年・シニア向け

フェイスブック

若年層・女性で活用している人が少なく、中高年・シニアの利用者が多い。拡散力は上の2つよりも低い。

情報伝達向き

個別のターゲットに情報提供するのに向いている。大量の情報を発信しやすい。

＼ 施術系で効果的！ ／

YouTube

「〇〇の方法」「××の体操」など、動画で伝えるとわかりやすいものをアップすることで、ターゲットの関心を引ける。エステや接骨院など、施術系の事業の情報発信向き。

＼ 店舗系と相性◎ ／

LINE

セールの告知や割引クーポンの配布など、個別の顧客に対して、来店促進しやすい。飲食店や小売店など、店舗をもっている事業だと効果的に活用することができる。

\ プロモーション /

SNSを「拡散」に
つなげるテクニック

ただの宣伝には、多くの人は反応しません。大事なのは「共感」です。

SNSの活用でよくある失敗例は、SNSを単なる「インフォメーションツール」として使ってしまうことです。SNSでの拡散によって、自然に宣伝してもらえるのが理想。単なる宣伝だけではSNSのもつ「拡散力」を生かすことができません。

たとえば、あなたは自慢ばかりする人の話を聞きたいと思いますか？ その自慢話を人に伝えよう（いい話だと）と思いますか？　きっと思わ

ないでしょう。同じように、宣伝や告知だけのSNSは、拡散にはつながらないのです。

SNSで大事なのは、「いかに人の共感や関心を得るか」ということです。そのためには、相手が"ちょっと見てみようかな"と思えるように見せ方を工夫する必要があります。

このページのテクニックを参考にして、あなたのSNSの内容をブラッシュアップしてみましょう。

(覚えておきたい「プレプロモーション」の手法)

たとえば……

やっと形になってきた！これから壁塗りです。〇月△日 13〜15時　お手伝い募集中です。場所は××××123 必要なものは、……

起業後ではなく、起業前から情報発信をしよう（プレプロモーション）。準備に参加してもらうなど、参加型のプロモーションは、特に集客力UPにつながる。

📖 共感を得るSNS活用テクニック！

Point

1 テーマを決めて、シリーズをつくる

毎日バラバラの内容を投稿するのではなく、テーマを決めてシリーズをつくる。仕事に関係ない話題でもOK。テーマに関心のある人に読んでもらって、まずはつながりをつくる。

例
・豆知識
・きょうのいいこと
・猫好きさんへ

Point

2 1日1回。同じ時間に投稿する

最低でも1日1回は投稿する。SNSはまめに投稿することが大事。会社のお昼の時間帯、夜の一息入れたい時間帯など、ターゲットに読んでもらえそうな時間帯に投稿してみよう。

Point

3 写真には人を入れる

「人は人に反応する」という研究結果がある。写真を掲載するときは、人が写っていると◎（他人を掲載するときは、掲載許可をとる）。難しい場合は指先だけでもOK。

Point

4 宣伝は、たまにくらいで

ふだんの投稿は、共感が得られたり、「役立つ情報」「いい話」など、人に伝えたくなるようなポジティブなものに。宣伝は、たまに少し入れるだけでいい。

Point

5 長文にはしない

長文やリンクばかりのものは、あまり読んでもらえない。1投稿で伝えたいことを決め、それをわかりやすく、短くまとめて発信する。

事業計画書を書いて、プランを整理しよう

ビジネスを実行するまえに、どこかのタイミングで事業計画書を書いて、考えをまとめましょう。

起業を成功させるためには、できれば事業計画書を書くとよいでしょう。決まったフォーマットはありませんが、右ページのような項目を書きます。

事業のプランを具体的に書きだすことで、頭も整理できるし、自分がやるべきことが明確になりますね。

経営計画と事業を運営するための資金計画の2つを考えないと、書けませんからね。まずは書けるところだけ、書いてみましょう。

経営計画は難しそうですね。なにかポイントはありますか？

5W1Hを当てはめて考えるといいですよ。「いつ」「どこで」「なにを」「誰が」「どんな理由で」「どうやって」と提供までの流れを明確にします。

明確にすることで、準備不足な部分とかリスクに気づけそうですね。

事業計画書
事業についての計画を書面にまとめたもの。

フォーマット
決まった書式。

経営計画
商品・サービスを提供するまでの一連の流れを含み、持続的に経営をしていくために計画を立てる。

［ 事業計画書に記載する項目例 ］

創業の動機

事業を通してなにを成しとげたいのか、創業する目的を記入する。

経営者の略歴等

実務経験があれば、具体的な勤務先や勤続年数、役職を記入する。

借入の状況

事業に関するものだけではなく、住宅ローンやカーローン、カードローンなどの個人的なものも記入する。

\ 確認してみよう /

V-Spiritsのホームページで（→P187）、起業家向けの事業計画書の書式をダウンロードできる。

必要な資金と調達方法

事業をするのに必要な資金（→P116）と、調達する資金（→P118）の内訳を記入する。

事業の見通し

売上や利益、経費などを起業当初と、事業が軌道にのった場合を予想して記入する。

［ 5W1Hで必要なものを考える ］

When（いつ）　→　**Where**（どこで）　→　**What**（なにを）

↓

Who（誰が）

↓

Why（どんな理由で）

↓

How（どうやって）

商品・サービスを提供するためには、どのようなSTEPを踏めばよいか、5W1Hを意識してシミュレーション。書きだしてみよう。

Q 友人と共同経営をするときに
気をつけることはありますか?

A 責任者の決め方や運営のルールなど、
事前にしっかり相談しましょう。

仲のよい友人と起業する「友だち起業」をする人は少なくありません。こうした共同経営でいちばん気をつけないといけないのは、"けんか"したときの対応です。たとえば、「自分のほうがよく働いているから、決定権は自分にある」とか、相手が仕事をしてくれず、「同じ給与なのに自分だけ働いていて不公平だ」と不満が募ることがあるかもしれません。

また、なんらかの事情で共同経営を解消するとき、「私のほうがお金をだしているんだから、私が引き継ぐ」と言われる可能性もあります。

意思決定をする人に多めにお金をだしてもらったり、解消時に引き継ぐ方法を決めておいたりと、仲のよいときに不和が起こった場合の対応を相談して決めておくべきです。

共同経営を考えているなら、事前に専門家に相談をして、対策を立てておくことをオススメします。

事前に決めること

☑ 意思決定の方法
☑ 出資額の割合
☑ お互いの役割分担
☑ 解散するときの対応 など

口約束ではなく、書面にしたり、契約書を作成したりすると安心。

第 3 章

起業準備を
はじめよう

資金の貯め方や事業拠点の決め方など、起業
における準備のポイントを解説します。

働き方を
決める
ヒントも
あるよ

自己資金

自己資金を
計画的に貯めよう

起業すると決めたなら、資金を計画的に貯めていきま
しょう。

 起業のためには自己資金をどれくらい貯めればいいでしょう？

 融資（→P118）を受けるには、**自己資金割合**の要件があります。だいたい3分の1から2分の1だから、まずはこれが**最低ライン**ですね。ちなみに開業費用の平均は**約1,000万円**とされています。

 仮に1,000万円なら、330〜500万円くらいは自己資金が必要になるんですね。どうやって貯めればいいんでしょうか？

 自己資金の貯め方にはいろいろありますが、**理想的なのは、毎月きちんと積み立てて貯金すること**です。これは融資のときに有利になります。

 なぜですか？

 「毎月一定額を積み立てられる」ということは、「毎月の一定額の融資の返済もできる人」と考えられます。コツコツ貯めたほうが信用を得られやすいんです。

自己資金割合
事業全体にかかる資金のうち、自分が拠出する資金の割合。

約1,000万円
日本政策金融公庫の「2022年度新規開業実態調査」によると、開業費用の平均は1,077万円。ただし、250万円未満の開業も増加傾向にある。

［ 自己資金の集め方5選 ］

いちばん理想的！

預貯金

毎月手取りの2割を預貯金に回すのが理想。自分が設定した額を毎月自動で積み立ててくれる「定期積金」を活用してもいい。

毎月一定額を積み立てる

収入

積み立て

退職金

退職金がもらえる場合には、退職金も自己資金に含めることができる。退職金の額は、就業規則などの社内規定に記載されている場合がある。

生命保険の解約返戻金

保険を途中で解約したときに返されるお金。自己資金が不足しそうなときの選択肢に。返戻金がない保険もあるので確認しておこう。

売却代金

株式や投資信託をもっているなら、売却して自己資金を補うことも選択肢になる。

贈与されたお金

両親や親族などからもらったお金。ただし、もらった金額が年間で合計110万円を超えると贈与税がかかるので注意。

 書きだしてみよう　資金がどのくらいあるか確認しよう。

預貯金	円	生命保険の解約返戻金	円
退職金	円	贈与されたお金	円
売却代金	円	合計	円

多様化する事業拠点。どうやって決める?

事業を行う拠点(事業拠点)を決めるときは、形態ごとのメリットとデメリットを考慮しましょう。

お2人は事業拠点をどうするかは決めていますか?

私は、自宅のマンションでいいかなって。

僕はまだ悩んでいて……。どうやって選んだらいいですか?

オフィスは賃貸オフィスや**シェアオフィス**などさまざまな形態があります。それぞれの特徴をふまえて選びましょう。

バーチャルオフィスっていうのも聞きますが、どうなんでしょう?

バーチャルオフィスは、法人の口座開設がしにくくなることもあります。**マネーロンダリング**や振り込め詐欺などの影響で、審査が厳しくなっているんです。

取引で不利になることはありますか?

影響することもあると思います。事業内容によってはあまりオススメはしません。

シェアオフィス
1つのオフィスを複数の企業や個人と共有して使う。

バーチャルオフィス
事業用の住所を貸しだしているオフィス。電話や郵便の転送サービスなどがある。

マネーロンダリング
資金洗浄とも呼ばれる。犯罪や不正に得た資金の出所をわからなくするために、さまざまな口座を経由させるなどの行為。法律で禁止されている。

［ オフィス形態によるメリット＆デメリット ］

増加中！

自宅と事務所を兼ねる

メリット

初期費用のほか、家賃などの固定費が
おさえられる。家賃の一部は経費にで
きる（→P160、170）。

デメリット

立地が重要となるビジネスの場合には
不利になることがある。

賃貸オフィス

メリット

オフィス内部を自由に設計できる。打
ち合わせにも使え、顧客や取引先から
の信用も得やすい。

デメリット

初期費用や、家賃などの固定費が高く
なってしまう。

シェアオフィス
（レンタルオフィス）

メリット

初期費用が比較的おさえられる。デス
クやイスなどの備品がある（オフィス
により用意される備品は異なる）。

デメリット

許認可によっては使用がNGになる。
銀行の口座開設や融資で不利になるこ
とがある。

バーチャルオフィス

メリット

安価に一等地の住所を確保できる。賃
貸オフィスと比較すると、初期費用が
おさえられる。

デメリット

許認可によってはこちらも使用NG。
銀行の口座開設や融資で不利になるこ
とがある。

事業内容を考慮して
拠点の場所を決める

事業拠点を考えるときのポイントは、まずは事業内容、それから商圏と立地、導線を考えます。

オフィスや店舗の場所は、どうやって決めたらいいんでしょうか？

場所が重要になるのは同業他社があり、比較検討される商品・サービスを提供する場合です。レアで専門的なものを扱う場合は場所はあまり影響しません。

比較検討
数ある商品・サービスの内容を比べて、購入・利用するかを決める。ビジネス用語では買回り品といわれる。

僕が扱うのは比較検討される商品・サービスになりそうです。

その場合には「商圏」を考えます。顧客の交通手段と移動時間を目安にするとわかりやすいです。僕のオフィスは、電車で1時間圏内と考えました。

専門的なもの
そこにしか売っていない商品（例：限定品のフィギュアなど）やそこでしか受けられないサービスなど。

行くのに「何時間もかかる」となったら、行くのをちょっと迷いますよね。顧客が「行きたいと思える移動時間」を考えるんですね。

商圏
集客したいターゲットのいる範囲。

商圏の次は「立地」です。僕は「駅の路線や乗降客数の多さ」「イメージ」などをふまえて、池袋にしました。

立地
事務所や店舗などを構える場所。

［ 場所決めの3つのSTEP ］

STEP 1 商圏を決める

ターゲットが「行ってもいい
な」と思える移動時間の上限を
考えよう。たとえば、「40分」
とすると、移動時間が40分圏
内のエリアが商圏となる。

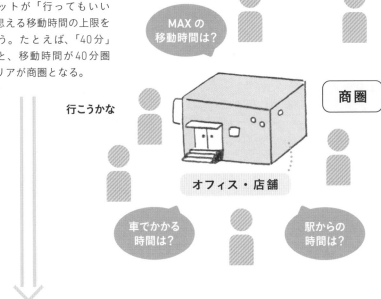

STEP 2 立地を決める

「静か」「おしゃれ」「親しみや
すい」「手ごろそう」など、自
分のビジネスとマッチするイメ
ージがあるのか、賃料や見込め
るターゲット数など、数字的な
ことを考えて検討する。

イメージは？

賃料は？

見込める
ターゲットの
数は？

物件数は？

STEP 3 導線をチェックする ⇒P68

事業拠点③

最終決定は
人の動きを確かめてから

「いいな」と思っている場所があるなら、必ず足を運んで人の動き＝導線を確認しましょう。

ある程度の立地まで決まったら、いよいよ**不動産屋**に相談です。担当者がまめに連絡をくれたり、積極的に情報提供してくれたりするところがいいですね。

不動産屋

不動産仲介会社。1週間やりとりをしてみて、担当者と「合わない」と感じたら、別の会社に変えたほうがいい。

賃貸にする場合、家賃の目安はありますか？

家賃は、売上の10〜15%程度に収まるなら問題ないとされています。

なるほど。あと、いまはWEBで**内見**ができたりもしますよね。これも活用していいでしょうか？

内見

物件の内部を見学させてもらうこと。内見のついでに、そのエリアの導線についても聞いてみるとよい。

WEBだけで決めるのは危険です。物件そのものだけでなく、**導線**もチェックする必要があります。できるだけ多くの物件に直接訪れ、納得いくまでじっくりと検討しましょう。

導線

目的地に行くために、人が通る道順（ルート）。導線は、実際に足を運ばないとわからない。時間帯でも変わることがある。

自分の目と足で、情報を集めることが重要なんですね。妥協せずに、時間をかけて判断したいと思います。

［ 導線を調べるときのポイント ］

☑競合相手はいる?

競合他社が「いるか」「いないのか」。そして、どちらが有利かを考えよう。

**ターゲットの
いるエリア
（ゴール地点）**

主導線

多くのターゲットが通ると考えられる大きな道。

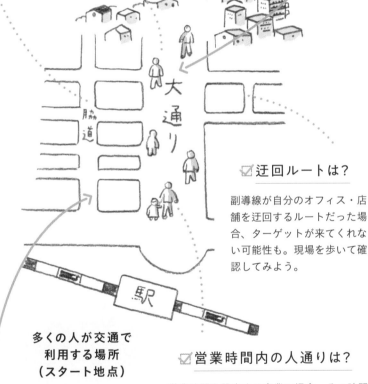

☑迂回ルートは?

副導線が自分のオフィス・店舗を迂回するルートだった場合、ターゲットが来てくれない可能性も。現場を歩いて確認してみよう。

**多くの人が交通で
利用する場所
（スタート地点）**

☑営業時間内の人通りは?

営業時間を設定する事業の場合、その時間帯の人通りを確認する。たとえば、朝10時から夕方5時に営業するなら、朝・昼・夕で20分間ずつ立ってみよう。20分×3＝60分で、それぞれの時間帯で1時間あたりのだいたいの人通りを予測する。

副導線

ターゲットが通ると考えられる脇道。

人手

人手は必要？
「外注」という選択肢も

不必要に人を雇用すると、経営の大きな負担になります。
ほんとうに必要かどうかよく検討しましょう。

1人でがんばろうと思っているんですが、
人を雇ったほうがいいんでしょうか？

よくある起業に失敗するパターンとして、必要のない雇用が挙げられます。人を雇うと、人件費以外にも諸経費負担がかかるものです。

人を雇うかどうか、なにを基準に決めたらいいんでしょう？

右ページの図を参考に考えてみましょう。いま判断するのが難しいなら、起業してからでも大丈夫ですよ。もし雇用するなら、社会保険労務士に顧問をお願いするのがオススメです。

社員を雇うより、外注したほうがラクなのでしょうか？

業種によります。ただ、外注するのにも手間はかかります。また、信頼できるところを探すのは結構たいへんです。詳しくは右ページで解説しています。

人件費
人を雇用する際にかかる費用。雇用する人に支払う給与など。

諸経費負担
雇用する人が使う備品や、通勤交通費のほか、社会保険料などの負担がある。

社会保険労務士
労務や社会保険に関する相談を受けたり、手続きの書類を代行して作成したりする。略して社労士。

［ 雇用を考えるときの4つのポイント ］

Point 1
事業が運営できるか 人件費をまかなえるか

1人で事業を運営できるか、人件費を捻出する余裕があるか考える。

Point 2
休みがあるかどうか

十分な売上があり、自分の「休日が確保できない」なら従業員を雇用したほうがよい。

Point 3
事業を拡大したいか

従業員を自分で育てられれば心強い戦力になる。事業拡大を目指すなら、検討してもいいかも。

Point 4
自分1人の気楽さが なくなってもいいか

雇用すると、事務処理や労務管理なども必要で、気楽さはなくなる。

［ 従業員と外注の違い ］

従業員

事業主・法人に 雇用されている人

雇用主と距離が近く、チーム意識をもって行動しやすい。給与以外に、社会保険料などのコストが発生する。

外注

業務を委託された 外部の人

社会保険料などの負担がなく、コストをおさえやすい。見積り書や請求書などのやりとりが必要になる。

外注先を選ぶポイント

☑ 信用はあるか
☑ 実績はあるか

知り合いや専門家に紹介してもらうのが理想的。1か所だけにしぼるのではなく、なにかあったときのサブの委託先もおさえておくと安心。

なんといっても体が基本。
無理のない働き方を

起業したら自分のスケジュールは自分で管理します。働きすぎない工夫も必要です。

 起業したら、働き方を自由に決められるからいいですよね！

 個人事業主や法人の役員は、**労働基準法**が適用されないですからね。けれど、それは自分で自分を守る必要があるということでもあります。

労働基準法
労働条件の最低基準を定めた法律。賃金や労働時間、休日についてなど、労働者を守るための規定がある。

 いまは勤め先で就業時間が管理されてますけど、それがなくなりますからね。

 特に起業直後は1日中仕事をしてしまいがちです。そのままだと体を壊してしまうかもしれません。最初に自分でスケジュールを立てておいたほうがいいですよ。

 働き方といえば、**リモートワーク**ってどうなんでしょうか？

リモートワーク
出社せず、自宅や遠方から業務を行う働き方のこと。

 交通費や通勤時間の削減といった利点もありますが、人間関係に気をつけないといけません。取引先やスタッフなど、各所としっかりした信頼関係が築けているなら、導入してもいいと思います。

［ 自分のスケジュールを決める ］

～6	7	8	9	10	11	12	13	14	15	16	17	18～

例

起床 ／ 朝のしたく ／ 通勤時間 ／ 仕事 ／ 昼休み ／ 仕事 ／ 通勤時間 ／ プライベート

始業　　　　　　　　　　　　　　　　終業

1日のスケジュール
を立てて、管理しよ
う。がんばりすぎる
と、"セルフブラッ
ク"な環境をつくっ
てしまう。

MYルールをつくる

例

・緊急な件以外で終業に間に合わ
　ない作業は翌日にもちこす
・18時以降はメールを見ない
・土日は完全休養日にする　など

［ リモートワークをするときのポイント ］

☑コミュニケーションは
十分にとれる?

リモートワークはコミュニケーショ
ンが希薄になりがち。コミュニケー
ションがうまくとれるかを考える。

☑管理の目は
行き届く?

個別で作業することになり、管理の
目が届きづらい。しっかりとしたチ
ェック体制が必要。

コスト削減や"いまどき"という視点
だけで導入するのは危険。

☑信頼できる人?

起業当初からリモートワークを導入
する場合、従業員や取引先との信頼
関係がすでに築けていることが望ま
しい。

備品

備品調達は
購入・リース・レンタルで

備品をそろえる方法は主に3つあります。予算や使用期間を考慮して決めましょう。

備品の調達方法は、「購入」「レンタル」「リース」の3つ。購入の場合、金額によって固定資産となり、減価償却での経費計上になります。

オフィスをイチから整えないといけなくなるので、お金が足りるか不安です。

購入の場合、創業融資（→P120）で借入することも検討するとよいです。一時的に必要なものならレンタル、長めに使うけど、定期的な入れ替えが必要なものはリースにするなど柔軟に考えましょう。

イベントで使うイスはレンタル。コピー機はリース、みたいなことですね！

ただ、あまりにもリースが多いと、毎月のリース料が高額になって痛い出費になるので気をつけましょう。

なるほど。とりあえず、長く使い続けるものは購入するとして、予算内でやりくりできるか考えてみることにします！

レンタル
イベントの机やイスなど、短期的に使う備品を借りる方法のこと。

リース
1〜5年など比較的長期間備品を借りる方法のこと。たとえば、会社に備えつけるコピー機やシュレッダーなどはリースにすることが多い。

減価償却
資産の取得にかかった費用を、耐用年数に応じて配分して経費にすること。詳しくは右ページ参照。

リース料
リースを利用するときに支払う料金。

[減価償却とは]

基本的に購入した金額が10万円以上かつ1年以上使用する資産は、一度に経費にするのではなく、数年に分けて経費にする。

何年も使用するモノ　**経費にする金額**

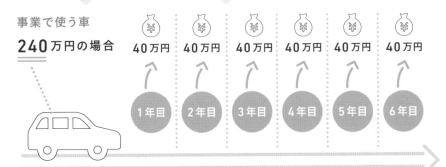

事業で使う車 **240万円の場合**

| 40万円 | 40万円 | 40万円 | 40万円 | 40万円 | 40万円 |
| 1年目 | 2年目 | 3年目 | 4年目 | 5年目 | 6年目 |

数年かけて経費にしていくのが減価償却

[レンタルとリースの違い]

レンタル		リース
短期で使用したいときに契約し、レンタル料を払う。故障時には通常、レンタル会社側が対応する。		1〜5年など比較的長期間の契約で、毎月リース料を払う。保守や修繕は使用している側が負担する。
比較的短い	契約期間	比較的長い
レンタル会社側	故障対応	使用している側
レンタル料を払う	代金	リース料を払う
差額を支払えばOK	中途解約	基本的にはできない

インターネットの環境を整えよう

インターネット環境は不便がないようにしたいもの。事業用のメールアドレスもつくりましょう。

インターネットは有線がいいか、Wi-Fi がいいのかとか。いろいろ気になります。

ネット環境は使用中に不具合がなければどちらでも OK です。無理して高額・高品質のものを選ばなくても大丈夫ですよ。

メールは私用アドレスを使ってもいいでしょうか？

屋号や商号（→P82）の入ったオリジナルのメールアドレスをつくりましょう。オリジナルのほうが、私用アドレスよりも信用されやすいです。

連絡手段は、メール以外にもいろいろなツールがありますよね。チャットとか。そういうのも活用すべきですか？

はじめから無理に導入する必要はありませんが、相手から「これを使いたい」と希望されたら、それに合わせられるといいですね。柔軟な対応は、好印象を与えられます。

有線
LANケーブルをつないで、インターネットを利用する。

チャット
インターネット上で、リアルタイムでやりとりするためのツール。基本的には会話のように短文でやりとりすることに向いている。

［ ネット周りの環境をチェック！］

☑十分なクオリティを保てるか

途中で通信がブツブツ切れないか、ネットの速度が遅くて使えなくならないかなど、必要最低限のクオリティが保てるかを確認しよう。

☑足りないものはないか

たとえば、頻繁にオンライン会議をする場合はマイクがあったほうがいいかもしれない。仕事に必要なものがそろっているかチェック。

☑背景

オンライン会議をする場合、背景も気にしたいところ。清潔感があるかなど、相手に与える印象も考えよう。

［ メールアドレス作成の流れ ］

1 レンタルサーバーを契約する

メールアドレスを作成するためには、まずはレンタルサーバーとの契約が必要。有料のレンタルサーバーを選ぼう。

レンタルサーバー ← **データ**

レンタルサーバーは、データを置いておく場所のこと。

⇓

2 独自ドメインを取得する

有料ではあるが、自分だけが使える独自ドメインを取得したほうが信用されやすい。ドメイン取得サイトから取得する。

××××@ △△△
　　　　 ドメイン

ドメインは、@マークの後ろの部分。屋号や商号を入れることが多い（独自ドメイン）。

3 メールアドレスを作成する

⇒ 独自ドメインを取得したら、レンタルサーバーの管理画面から、メールアドレスを作成する。

見てもらえる
ホームページのつくり方

ホームページをつくっただけでは見てもらえません。頻繁に更新し、興味をひく内容を盛り込みましょう。

ホームページ作成のためには、まずサーバーとドメインが必要です（→P77）。それから、ソフトで中身をつくります。

オススメのソフトはありますか？

WordPressなど、更新して書き換えやすいCMSが使い勝手がいいでしょう。ヤフーやグーグルなどの検索エンジンで上位に表示されるようにする（SEO）ためにもホームページは高い頻度で更新したほうがいいですね。

せっかくつくっても、見つけてもらわなければ意味がないですからね。具体的にはどうすればいいですか？

商品・サービスのUSP（→P44）など、キーワードを盛り込みつつ、役立つ情報を入れて、まめに更新します。「見たい！」と思ってもらえる要素が必要です。

なるほど！　興味をひく内容にすることも大事ですね。

CMS

WEBサイトの構築、更新、管理などができるシステム。

検索エンジン

キーワードを入力すると、知りたい情報がある可能性の高いサイトを表示してくれるシステム。

SEO

Search Engine Optimizationの略語で、検索エンジン最適化のこと。検索の何番目にでてくるのかは、ロボットが決定している。このロボットの判断基準を内容に盛りこむことで、検索上位に表示される確率が高まる。

［ トップページづくりのコツ ］

Point 1 わかりやすい
タイトル

検索画面で表示されるもの。商号・屋号に加えて、どんな事業か端的にわかるキーワードも入るとよい。

Point 2 インパクトのある写真、
キャッチコピー

トップ画面を見てもらえるのは、約5秒といわれている。興味を引いてもらえる写真やキャッチコピーを表示する。

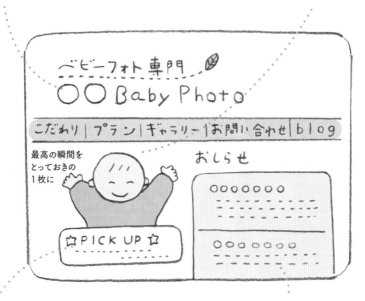

ベビーフォト専門
○○ Baby Photo
こだわり｜プラン｜ギャラリー｜お問い合わせ｜blog
最高の瞬間をとっておきの1枚に
☆ PICK UP ☆
おしらせ

Point 3 ＋αで
紹介したいこと

イベントやセールの情報など、プラスαで紹介したい情報を載せる。

> **ここも注目！**
>
> ・ボリューム
> ・更新頻度
>
> 上記はSEO対策にも欠かせないポイント。役に立ったり、関心を引く情報量は多いほうがよい。更新はまめに行おう。

Point 4 最新の情報／
人の役に立つ情報

事業の最新情報のほか、ブログなどでこまめに関心を引ける情報発信をすると◎。

ブログの例

店主の裏ワザコーナー

○月△日　スマホで○○すると、さらにキレイに撮れる
○月×日　赤ちゃんをカメラ目線にしたいときは……

Q オンライン起業の準備で、
注意点はありますか?

A オンライン起業だからこそ、
人脈を広げる努力をしましょう。

オンライン起業とは、ビジネスの一連をインターネット上で行う事業スタイルのことをいいます。たとえば、オンライン講座やネットショップなどです。店舗やオフィスを構える事業より、商品・サービスを提供するまでの手間が省けるので、気軽に感じられるかもしれません。

ただし、オンライン起業は「人脈」が広がりにくい可能性があります。意識的に人との接点をつくる努力をしましょう。

オンライン起業に限らず、起業するうえでは、人脈を広げることが非常に重要です。ビジネスの成功のうえには、必ず優秀な人材や、カギとなるキーマンがいるものです。取引先や出資者、協力者など、関わる人材が大きな影響を与えます。積極的に交友関係を広げてください。知り合いから紹介してもらったり、異業種の人たちの交流会に参加するなど、いろいろな方法があります。機会はできるだけ逃さないようにしましょう。

ただ、だからといって、「利益を生みだす人間関係をつくろう」と下心をもって近づくのはよくありません。そんな人とは誰も付き合いたくはないでしょう。「相手に自分はどんなことで貢献できるか」、ギブアンドテイクの意識をもって、交流することが大切です。

第 4 章

起業の<u>手続き</u>を進めよう

さあ、いよいよ手続きへ。個人事業と会社設立、
それぞれのSTEPを紹介します。

個人事業と
会社設立で
手続きが
異なるよ

ビジネスで使う名前、屋号・商号を考えよう

個人事業の開業や、会社設立の手続きをする前に、事業で使う名前を考えてみましょう。

ビジネスに使う名前を考えましょう。個人事業主は**屋号**、法人は**商号**といいます。

なにが違うんでしょうか？

屋号はペンネームみたいなもので、原則自由に決めることができます。確定申告のときに記載する欄がありますよ。

法人の商号はどうですか？

商号は取引や納税などにも使うことになります。法律上の正式名称になるので、屋号よりも細かいルールがあり、途中で変更することはできません。

名前を考えるときのポイントはありますか？

他人の**商標権**を侵害しないなどのルールを守れば、好きなものでかまいませんが、事業のコンセプトが感じられる名前だと、アピールしやすくていいと思います。発音しやすいものもオススメです。

屋号

個人事業主が使うペンネームのようなもの。自由に変更できるので、すぐに思いつかなければ最初は屋号を決めず、後から考えてもいい。

商号

会社名のこと。他社と同一、類似したものはつけられない可能性がある。類似した商号の有無は、国税庁の「法人番号公表サイト」で商号検索をするか、法務局で商号のデータを閲覧することで調べることができる。

商標権

商品・サービスを区別するためのマーク（商標）を独占的に使用する権利。特許庁で商標登録をすることで発生する。類似した商標の有無は、特許情報プラットフォーム(J-PlatPat)で調べることができる。

［ 屋号のルール ］

ルール 1
「会社」と
つけるのはNG

○△会社といった、法人と勘違いさせてしまう名前にはしない。ホームページの紹介などで会社名：○△と記載するのもNG。

ルール 2
ほかの事業主や
会社と似た名前
はつけない

あえてほかと似せるのは×。同一・類似した商標や商号がないかどうか、事前にチェックするのが望ましい。

あとから
変更しても
いいんですって

［ 商号のルール ］

ルール 1
使用できない
記号がある

右図の△の記号は商号の頭や末尾にはできない。×の記号は、商号に入れることができない。

記号の例

△： & ' , - ． ・

×： @ ! ? ( )

ルール 2
会社の形態は
必ず入れる

商号の頭か末尾に会社の形態を入れる。たとえば、「○○株式会社」「合同会社□□」。

ルール 3
会社の組織名は
使わない

支店や支部、支社など、社内の一部門の名前は入れることができない。

ルール 4
同一住所で
同名の商号はNG

同一住所で他社と同一商号は、使用できない。

\ 確認！ /

個人事業の
開業までの流れ

個人事業の開業までの流れを把握し、事前準備をしっかり行いましょう。

START

STEP ❶ 自己資金を貯める
⇒ P62

STEP ❷ アイデアやコンセプトを決める
⇒ P32〜39

STEP ❸ 商品・サービス、集客プランを具体化する
⇒ P40〜59

屋号（→ P82）は
いつ決めてもOK！

STEP ❹ 物件を探す。
⇒ P64〜69

STEP ❻ 働き方を決め、環境を整える
⇒ P70〜77

資金

STEP ❺ 資金調達の準備を開始する
⇒ P62、P116〜129

多めに用意するのが理想

STEP **7** ホームページの
準備をする
⇒ P78

STEP **8** 開業届などを
提出する
⇒ P86

STEP **9** 口座開設
⇒ P134

よし！

GOAL

開業

個人差はあるが、開業できるまで数週間
から1年かかるといわれている。

⇩

☑ **開業後にすること**

・青色申告の手続き ⇒ P156 〜 159

・国民健康保険＆国民年金への
加入手続き ⇒ P162

・雇用の手続き

・融資の正式申込　など

※開業後は税務や社会保
険などの手続きを行う。
従業員を雇う場合は、雇
用に関する手続きも必要。

「開業届」と「事業開始等申告書」を提出する

個人事業の開業では、「開業届」と「事業開始等申告書」の2つを提出する必要があります。

 個人事業を開業するためには、開業届を提出すればいいんですよね？

 そうですね。正式には、「個人事業の開業・廃業等届出書」といいます。事業によって所得を得ていることを国に通知する届出です。

 いつ提出すればいいんですか？

 事業の開始日から1か月以内に**所轄の税務署**に提出しましょう。持参でも郵送でもOKです。

 必ずしも事業の開始日に提出しなくてもいいんですね。開業届を出したら、手続きは終わりですか？

 あともう1つ必須なのが、「事業開始等申告書」です。事業を開始したことを通知する届出です。これは、**都道府県税事務所**と**市区町村役場**に持参か郵送します。提出期限は、自治体によって差があるので、事前に確認しておきましょう。

所轄の税務署
納税地の税務署のこと。国税庁のホームページから調べることができる。

都道府県税事務所
各都道府県に納める税金を管理する。場所は各都道府県のホームページで確認することができる。

市区町村役場
市役所や区役所、村役場のこと。

［ 個人事業の開業・廃業等届出書の記入例 ］

所轄の
税務署を
記入する

オフィス・店舗の住所を書く

納税地以外に
事務所が
あれば書く

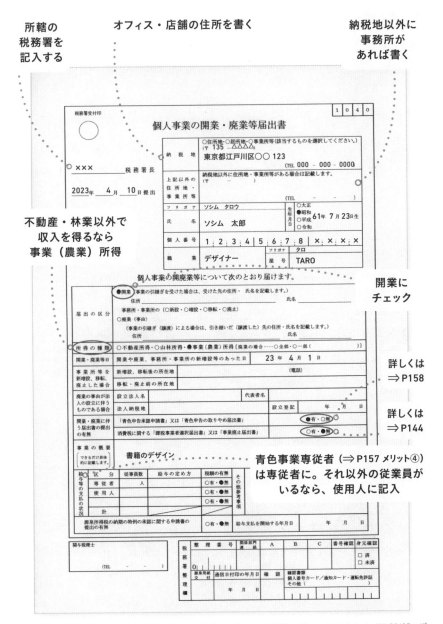

不動産・林業以外で
収入を得るなら
事業（農業）所得

開業に
チェック

詳しくは
⇒P158

詳しくは
⇒P144

青色事業専従者（⇒ P157 メリット④）
は専従者に。それ以外の従業員が
いるなら、使用人に記入

書式元：国税庁ホームページ（https://www.nta.go.jp/taxes/tetsuzuki/shinsei/annai/shinkoku/pdf/h28/05.pdf）

\ まとめ /

会社設立までの流れをみる

会社を設立する場合、株式会社か合同会社かで手続きの流れが変わります。

START

STEP ① 自己資金を貯める
⇒ P62

STEP ② アイデアやコンセプトを決める
⇒ P32〜39

STEP ③ 商品・サービス、集客プランを具体化する
⇒ P40〜59

納得いくまで続けよう

STEP ④ 物件を探す。
⇒ P64〜69

資金

STEP ⑤ 資金調達の準備を開始する
⇒ P62、P116〜129

STEP ⑥ 働き方を決め、環境を整える
⇒ P70〜77

STEP ⑦ ホームページの準備をする
⇒ P78

STEP ⑧ 商号や会社の基本事項を決める

⇒ P82、P90～99

STEP ⑨ 印鑑を用意する

⇒ P100

株式会社の場合

- ☑ 定款をつくる ⇒ P102
- ☑ 定款認証をする ⇒ P104
- ☑ 資本金を払い込む ⇒ P106
- ☑ 登記申請をする ⇒ P108

合同会社の場合

- ☑ 定款をつくる ⇒ P102
- ☑ 資本金を払い込む ⇒ P106
- ☑ 登記申請をする ⇒ P108

GOAL

会社設立

合同会社は定款認証が不要のため、
株式会社よりも STEP が少ない。

☑ 設立後にすること

- ・設立届を提出する ⇒ P110
- ・口座開設の手続き ⇒ P136
- ・給与支払いの手続き ⇒ P138
- ・青色申告の手続き
  ⇒ P166～169
- ・健康保険＆厚生年金保険
  への加入手続き ⇒ P172

- ・雇用の手続き
- ・融資の正式申込　など

※法人の場合、1人起業でも役員報酬を支払うのであれば給与支払いの手続きが必要。青色申告のほか、社会保険の手続きなども忘れずに行う。

将来を見すえて事業目的を決めよう

会社設立の手続きでは、事業目的の記載が必要です。事業目的を決めるポイントを覚えておきましょう。

じつは、法人は**事業目的の範囲内でのみ活動する**ことができます。設立前に事業目的をしっかり検討しましょう。

いまやりたい事業を書くだけではダメなんでしょうか？

いましたいことに加えて、**将来する可能性のある事業をすべて記載**しましょう。たとえば、飲食店で**フランチャイズ**展開を目指すなら、それも書いておきます。

えっ！　そこまで書くんですか？

事業目的は、定款（→P102）に記載し、登記（→P108）します。あとで追加するには、手続きや費用がかかってしまうので、先に記載したほうがいいんです。

じゃあ、たくさん書いておきます！

いえ、やみくもに書くのはよくありません。右ページの図を使って整理してみましょう。

事業目的

設立する法人の事業内容。将来行う可能性のあるものも書いておくとよい。

フランチャイズ

ほかの事業者に対して、同一の事業を行う権利を与え、指導やサポートなどを行い、ロイヤリティをもらうビジネス形態。

［ 事業目的のまとめ方 ］

STEP 1 すること・したいことを書きだす

まずは本業を書いて、そのあとに将来的にしたいことを書いてみよう。

例 ① 飲食物の提供　② ケーキの販売
　　③ 飲食店のフランチャイズ展開

本業

① _____ 　② _____

③ _____ 　④ _____

⑤ _____ 　⑥ _____

⑦ _____ 　⑧ _____

将来
したい
こと

⑨ _____ 　⑩ _____

STEP 2 3つのポイントをチェック

STEP1で書いた事業が、下の3つの点が守られているかをチェックする。

❶ 違法性がない

公序良俗に反しない。また、特定の業種にのみ許可されている事業に当てはまらない。

❷ 営利性がある

ボランティアではなく、利益を追求する（営利目的）事業となっている。

❸ 明確性をもつ

一般の人が見てわかる言葉で説明されている。たとえば、専門的な言葉の略語がない。

事業目的を決める！

STEP2の要件を満たす項目を、事業目的としてみよう。

出資者、出資割合、出資形態を決める

出資者や出資割合、出資形態は慎重に検討して決めるようにしましょう。今後の経営に影響します。

 設立の手続きを行うのは、**発起人**です。ほとんどの人は、発起人だけで設立する**発起設立**になりますね。

 発起人が複数いる場合に、気をつけることはありますか？

 株式会社の場合は出資割合に気をつけましょう。

 それは、なぜですか？

 出資割合によって、**議決権**が変わってしまうからです。決議では出資割合が大きい人の意見のほうが強くなります。

 誰かに多く出資してもらうと、経営に口出しされるリスクがあるということですね。

 それから、出資形態には現金と**現物出資**の2種類がありますが、オススメなのは現金での出資です。なお、会社の基本事項として決めたことは発起人会議事録（→P112）などにまとめます。

発起人
どんな法人にするかを考え、設立手続きを行う人。

発起設立
発起人のみで法人を設立すること。発起人以外の出資者を交えて設立するのは「募集設立」と呼ばれ、別途手続きが必要。

決議
会社の意思決定をすること。株主総会を開いて決定する。

現物出資
法人で使うモノを、法人に譲渡する出資方法（詳しくは右ページで）。モノの価額（出資金に相当する金額）が500万円を超える場合、原則として検査役（所轄の地方裁判所で選任される）による価格の調査を受ける。

［ 出資者のもつ権利 ］

自益権	共益権
配当や、会社の財産分配を受けとれるなど、会社から利益をもらえる権利。	株主として会社の経営に参加することができる権利。

影響力は法人の形態で変わる

株式会社の場合

⇒ **出資割合で決まる**

多く出資した人の権利が大きくなる。自分以外に出資者がいる場合、経営に口出しされるリスクが高まる。

合同会社の場合

⇒ **定款**（ていかん）（→P102）**に書けばOK**

原則は1人1議決権だが、定款に記載することで、自由に設定できる。

［ 現物出資にできるもの ］

できる	できない
・社用車 ・機械 ・土地や建物 ・設立後に販売する製品や商品 ・有価証券　など	・保険証券 ・ローン資産 ・無形物 （労働力やノウハウなど） 　　　　　　　など

しかし… → 価格の算定が難しい

⇓

できれば現金出資で!

現物出資は、「出資額にするといくらに相当するか」算出しなければならない。手続きも増えるため、できれば現金出資のほうがよい。

事業年度（決算期）を設定する

法人は事業年度を自分で設定します。株式会社は公告方法も決めましょう。

 事業年度は会社の経営状態を決算書（→P150）にまとめる一定期間のことです。その最後の月を**決算期**、経営状態を明確にする手続きを決算といいます。

 どうやって決めたらいいんでしょうか？

 設立から1年以内なら、いつでもかまいません。ただ、事業年度の最終日（決算日）は通常月末日にすることが多いです。

 4月1日〜翌年の3月31日を事業年度にしている会社が多いと聞きますが……。

 無理に合わせる必要はありません。ただ、決算書の作成はたいへんですから、**自分の繁忙期がわかっているなら、そこは避けたほうがいい**と思います。

 なるほど。

 株式会社の場合は、事業年度が決まったら、決算での情報を開示する**公告**の方法も決めましょう（→右ページ）。

決算期

事業年度の最後の月。売上や損失など、事業年度内の経営状態を明確にする時期。事業年度の最終日（決算日）は通常、月末日にする。

公告

決算や法人が合併するときなどに、その情報を社外に公開すること。株式会社の場合は、決算書（→150）を公告することが会社法で定められている。

［ 事 業 年 度 の 考 え 方 ］

法人の事業年度は設立から1年以内の範囲で
自由に設定できる。

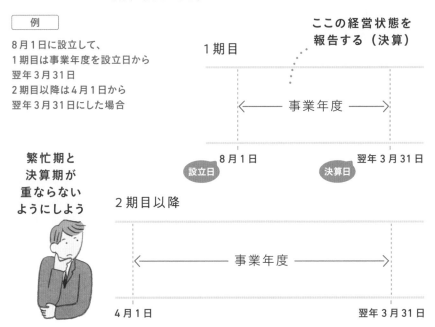

例

8月1日に設立して、
1期目は事業年度を設立日から
翌年3月31日
2期目以降は4月1日から
翌年3月31日にした場合

ここの経営状態を
報告する（決算）

1期目

事業年度

8月1日　　　　　　　　翌年3月31日

設立日　　　　　　　決算日

繁忙期と
決算期が
重ならない
ようにしよう

2期目以降

事業年度

4月1日　　　　　　　　　　翌年3月31日

［ 公 告 の 方 法 ］

オススメ

官報　　国が発行する機関紙。掲載費用は1行につき、
　　　　3,500円程度。公告1回の掲載料は数万円になるこ
　　　　とが多い。採用する法人がもっとも多い。

日刊新聞紙

全国紙や地方紙など、日刊の新聞に掲
載する。1回の公告で数十万円かかる
ことがあり、小規模な法人には不向き。

電子公告（インターネット）

WEBサイトに掲載する。適切な公告
かどうか調査を受ける必要があり、手
間と費用がかかる。

準備④

会社設立編

会社の代表者と役員を決める

複数人で会社を設立する場合、代表者と役員を定めることができます。

1人起業の場合、設立するのが株式会社なら自分が代表取締役に、合同会社なら代表社員になります。

代表取締役と代表社員以外に役員は必要でしょうか？

株式会社と合同会社、それぞれの役員を右にまとめたので見てみましょう。**株式会社の場合、取締役になれるのは欠格事由**に該当しない人。合同会社の場合、役員は、定款（→P102）に記載すれば誰でもなることができます。

欠格事由

成年後見人や被保佐人、法人関連の法律違反で実刑中もしくは執行後2年経っていない人などは、取締役になることができない。

合同会社は任期がないのに、株式会社の役員の任期は結構短いんですね。

定款に記載すれば、**最長10年までは伸ばすことができます。** もちろん、記載せずに任期が満了しても登記（→P108）すれば、継続は可能です。ただ、登記費用が発生するので、1人起業や途中で解任の心配がない人は、最長に設定すれば節約になります。

解任

業務上の信用を損なうことをしたなどの理由で、職をやめさせられること。株主総会での決議が必要。

[株式会社の役員]

株式会社の場合、1人以上取締役を置くことが定められている。
1人起業なら自分が取締役となる。

会計参与

会社の決算書（→P150）などを
作成する。公認会計士や税理士な
どの資格が必要。

任期
原則2年

代表取締役、取締役

主に会社の経営に関する業務を行う。「代
表取締役」は、取締役のなかから決定する。

任期 原則2年

監査役

取締役による経営
が適正に行われて
いるのかを調査。
不正は阻止・是正
する。

任期
原則4年

取締役会がなけ
れば、会計参与
と監査役を置く
必要はない。

[合同会社の役員]

代表社員

合同会社の代表者。株
式会社の代表取締役に
相当する。

任期　なし

業務執行社員

合同会社の業務を行う社
員。業務執行社員から代表
社員を選出してもよい。

任期　なし

"ただの社員"でも
利益の分配は受けとれる

合同会社の社員はすべて出資者。そのため、業務に
関与していない社員でも、会社の利益を受けとるこ
とができる。

資本金の決め方
4つのポイント

資本金が少なぎるのはNG。信用や融資、税金にも関わってきます。

 「1円起業」という言葉がありますが、ほんとうに元手が1円で起業してもいいんでしょうか？

1円起業
資本金額を1円として、法人を設立すること。ただし、現実的ではない。

 法律上は、資本金が1円でも法人設立は可能です。でも、そもそも資本金ってなんのためにあると思いますか？

 法人の口座にずっと置いておくお金のことではないんですか？

 資本金は多くの場合、法人設立後の当面の資金となります。設備資金や運転資金（→P116）も含まれます。口座に「置いておくお金」ではありません。

 なるほど。元手が1円で事業を行うという場合、仮に起業しても結局は借入することになりますね。だとすると、あまり現実的ではなさそう……。

元手
事業を運営するために必要な最初に用意するお金のこと。

 そうですね。そのほかにも、資本金の額は信用や融資にも関わりますから、安易に決めないようにしましょう。

［ 資本金は、会社設立の元手のこと ］

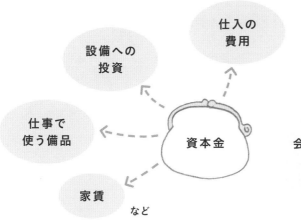

資本金は、会社を設立したり、事業を運営したりするために使われるお金。

設備への投資

仕入の費用

仕事で使う備品

資本金

会社設立の元手

家賃 など

⇒ 資本金が少ないと、借入して買うことになる

不足分は、自分のポケットマネーや借入から補うことになる。資本金の額を少なくしすぎるのは危険。

［ 決めるときの４つのポイント ］

① 税金がかかってもOKかどうか

資本金を1,000万円以上にすると、消費税の課税対象になる（→P144）。また、1,000万円を超えると法人住民税（→P164）が増える。

② 取引先からの信用がマイナスにならないか

資本金が少なすぎると信用されないことも。資本金の額を取引開始の条件にしているところもある。希望の取引先があるなら、事前に確認を。

③ 融資の要件に不足しないか

自己資金の割合は融資の要件でもある。融資を受けたい場合は、それを超えているかチェックしよう（→P120）。

④ 許認可の要件に不足しないか

許認可が必要な業種によっては、資本金の最低額が決まっている。該当する場合は、その最低額をクリアしているか確認する。

会社で使う印鑑を作成する

法人の印鑑は銀行口座の開設や登記申請をはじめ、さまざまな場面で使用します。

商号（→P82）が決まったら、手続きの前に印鑑を作成しましょう。用途に応じて、右ページの3種類をそろえるのが基本です。そのほか、**ゴム印**は必須ではありませんが、あると便利です。

象牙やチタン製などいろいろありますが、選ぶときのポイントはありますか？

長く使うものなので、自分の好きなものを選べばいいと思います。あと、字体はなんでもいいのですが、取引に使うものですから、相手への印象を考えましょう。右ページのような起業家向けのセットも売られていますよ。

なるほど。印鑑でほかに気をつけることはありますか？

会社の登記をするためには、**個人の実印**が必要です。個人の実印登録をしたことがない人は、市区町村役場の窓口で実印登録を済ませておきましょう。これは1日で終わります。

ゴム印

印字する面がゴムでできており、会社の所在地、社名、電話番号を記載する。作成しておくと、封筒や役所への届出書類などで上記を記入する手間を省くことができる。

個人の実印

自治体に登録した、公的に認められている印鑑のこと。100円ショップなどで売られているものでも登録できるが、安全のためにはオリジナルで作成したほうがよい。

［ そろえておきたい印鑑3点 ］

代表者印

会社の実印。印影が縦横1〜3cmの正方形に収まるもの。登記申請（→P108）で必要となるため、早めに準備しておこう。

使用する書類の例

・登記申請書、委任状
・不動産売買契約書
・ローン契約の書類
・担保物件の設定契約書
・連帯保証をする際の契約書

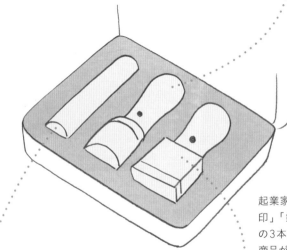

起業家向けに「代表者印」「銀行印」「角印」の3本がセットになった商品が販売されている。

銀行印

銀行口座を開設する（→P136）ときに必要となる印鑑。印影が直径1.65cmの円形のものが一般的。

使用する書類の例

・銀行窓口での
　口座取引
・口座引き落とし
　用書類

角印

日常的な書類に使う。印影が2cm×2cmの正方形となるものが一般的。会社名は縦書きにする。

使用する書類の例

・見積書
・請求書

会社のルール（定款）を つくろう

準備が完了したら本格的な手続きがはじまります。まずは定款をつくりましょう。

株式会社も合同会社も、定款（ルール）を作成しなくてはなりません。

定款の見本を見てみたんですが、自分でつくるのはたいへんそうでした。

司法書士（→P28）に代わりにつくってもらうこともできますよ。この場合、紙ではなく**電子定款**になることが多いです。電子だと、4万円の**収入印紙代**を浮かせることができます。

司法書士に頼むときの相場はいくらでしょうか？

4万円程度なので収入印紙代4万円が浮いたことを考えると、自分で作成する場合と金額が変わらないケースも多いです。

定款をつくったら、それで終わりですか？

いいえ。株式会社は認証の手続き（→P104）、合同会社は登記申請（→P108）に進みます。

電子定款

PDF化し、電子署名をして作成した定款。Adobe Acrobat®などで作成しなければならない。個人番号カードやカードリーダーなども必要になる。

収入印紙

法律で決められた書類に収入印紙を貼り、消印することで納める税金のこと。

［ 定款に記載する項目 ］

絶対的記載事項

必ず記載しなくてはならない事項。抜けていると、定款が無効になってしまう。

① 商号
② 事業目的
③ 本店所在地
④ 出資される財産の価額
　（または最低額）
⑤ 発起人または社員の氏名、
　または名称および住所

①～⑤は株式会社と合同会社共通。合同会社は、社員全員が有限責任であることを記載する。株式会社の発行可能株式総数は、厳密には絶対的記載事項ではないが、準ずるものなので通常は記載する。

合同会社

+ 社員全員が有限責任であること

株式会社

+ 発行可能株式総数

相対的記載事項

定款に記載しないと、効力をもたない決まりごと。

例
・現物出資
・役員の任期
・株式の譲渡制限
・株券発行の定め

**記載した内容を
変更する場合には
定款変更の手続きが
必要だよ**

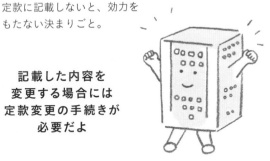

任意的記載事項

例
・取締役の数
・株主総会の時期

別に書かなくても問題ない事項。上の2つ以外で、あえてルールとして記載しておきたいものを書く。

株式会社で必要な定款認証の流れ

株式会社の場合、定款認証をすることで定款に効力がうまれます。合同会社は必要ありません。

定款認証を自分で行う場合、まずは**公証役場**に定款を送ります。そこで**公証人に**チェックを受け、OKがもらえたら、公証役場での手続きに入ります。

公証役場には発起人全員で行く必要があると聞いたんですが……。

紙で手続きする場合は原則発起人全員で行うことになっています。予定がつかない人には、委任状を書いてもらいましょう。電子の場合は、電子署名をした発起人の代表者のみでかまいません。ほかの発起人は**委任状**を代表者に渡します。

手続きのときに気をつけないといけないことはありますか?

電子の場合、認証後に定款のデータの入ったCD-RまたはUSBメモリを受けとることになります。**定款の同一情報**が2部必要なことを伝えてください。1部は会社用、もう1部は登記申請の際に提出することになります。

公証役場

日本公証人連合会のホームページに一覧が掲載されており、調べることができる。

公証人

原則として、裁判官や検察官あるいは弁護士として法律実務に携わったことのある人で、公募に応じた人のなかから、法務大臣が任命する。証書の作成や認証をする。

委任状

他者に自分の代わりとして、特定の行為をする権利を与えるための書類。実印が必要。

定款の同一情報

公証人によって電子定款と同じ内容であることが証明された、印刷した定款。

［ 定款認証のやり方 ］

① 定款を公証役場に
　メールや FAX で送る
② 公証役場から連絡がくる
③ 必要に応じて、内容を修正する
④ 公証役場に行く日時を予約する

定款をまずはメールやFAXで送る。公証役場の公証人に誤字脱字や記入漏れなどを指摘されたら修正し、再度送付。OKがでたら、公証役場に行く日時を予約する。

一緒に送る書類

・送り状
・発起人全員の
　印鑑証明書
・委任状（発起人で
　当日行けない人が
　いる場合）

紙 で手続きする場合

⑤ 公証役場に行き、
　認証を受ける

当日もっていくもの

・製本した定款　3通
・発起人の印鑑証明書
・4万円分の収入印紙
・手数料代（3〜5万2千円程度）
・発起人の個人の実印
・委任状（必要があれば）
・免許証などの本人確認
　書類

電子 で手続きする場合

⑤ 申請用総合ソフトで公証
　役場に定款を送信する
⑥ 公証役場に行き、認証を
　受ける

当日もっていくもの

・発起人の印鑑証明書
・委任状（必要があれば）
・手数料代（3〜5万2千円程度）
・免許証などの本人確認書類
・定款保存用のCD-R
　またはUSBメモリ1つ
　（発起人側が用意する必要
　のある公証役場の場合）

公証人が対面し、正式に定款が作成されているかを確認して認証が完了する。認証されることで、定款が効力をもつ。

資本金を発起人の個人口座に振り込む

資本金は、最初は発起人の個人口座に払い（振り）込みます。きちんと記録をとっておきましょう。

資本金は登記申請（→P108）までに振り込みます。振込日は、定款作成後です。

どこに振り込むんですか？

会社の口座は登記完了後でないと開設できません。そのため、発起人の個人口座に振り込みます。

発起人が複数いるときは、どうすればいいんでしょうか。

誰か1人を決め、その人の口座に振り込みましょう。全員の振り込みが終わったら、記帳して、名義や口座番号などがわかる通帳の表紙、裏表紙、振り込みページをコピーします（→右ページ）。

なるほど。その次はなにをしたらいいですか？

払い込みがあったことを証明する書面を作成し、登記申請時に一緒に提出しましょう。

払い込みがあった
ことを証明する書面
会社の代表者が、出資者すべての出資が完了したことを証明する書面。株式会社と合同会社では記載事項が異なる。代表者印が必要になる。

［ 振り込みページのコピーのとり方 ］

発起人が自分1人でも、自分の口座に振り込む

資本金は入出金の記録が必要。1人起業の場合、自分の口座から資本金額を引きだし、再度入金して記録する。

該当箇所には、蛍光ペンをひく

資本金として振り込んだものには、蛍光ペンをひいて、ほかと区別できるようにする。

	普通預金				
	年月日	概要	お支払い金額 (円)	お預かり金額 (円)	差引残高 (円)
1	23-2-15	現金	¥30,000	カード	¥5,970,000
2	23-2-18	振替	¥5,400	電気	¥5,964,600
3	23-2-24	現金	¥4,000,000	現金引き出し	¥1,964,600
4	23-2-24	振込	ソシムタロウ	¥4,000,000	¥5,964,600

資本金

振込日と振り込んだ金額・振込人がわかるようにする

コピーするときは、振込日と振込金額、振込人がわかるようにする。振り込むときは、名前を間違えないようにしよう。

残高が資本金以上でも関係はない

資本金として「振り込まれた」金額が、資本金として認められる。口座の残高が資本金以上あったとしても、気にしなくてよい。

インターネットバンキングの場合は…

・銀行名・支店名・口座番号
・名義
・振込日&金額と振込人

これらがわかる画面を
1枚にプリントする

手続き④

会社設立編

登記申請書を
法務局に提出する

法務局で、会社の情報を登録するための申請（登記申請）を行います。これが終わると、会社が成立します。

登記申請を行うためには、まずは書類（→P113）をそろえましょう。株式会社か合同会社かで、必要となる書類は異なります。書類がそろったら、登記申請書と一緒に法務局へ送ります。

書類によって、押印する印鑑の種類も違うんですよね。なんだか間違えそうです。

間違いがある場合は、法務局から補正の連絡があり、修正することになります。間違いがあまりにも多い場合には、再度申請し直しとなることもあります。

そうなると、会社設立がどんどん遅れてしまいますね。これも専門家に依頼して、代わりに申請してもらうことはできますか？

登記申請は、司法書士なら代理で申請できます。悩む場合には、一度無料相談をしてもいいと思いますよ。

なるほど！　ちょっと考えてみます。

登記申請書

決まった書面があるわけではなく、A4サイズの白色用紙に、申請者や事業拠点の住所、資本金、申請者の住所や連絡先などを記載する。作成は、手書きでもパソコンでもよい。

補正

申請書や添付書類に不備（押印も含む）があり、修正しなければならないこと。

［登記申請から完了までの流れ］

STEP 1

登記申請書を、法務局の「商業登記」窓口に提出する

登記申請書を添付書類（→P113）と一緒に、商業登記窓口に直接提出する。郵送する場合は、郵便物紛失のリスクを考えて書留で送る。

STEP 2

登記官による審査を受ける

法務局に勤務する登記官が、申請内容に不備がないかどうかを確認する。不備がある場合は、電話で補正の連絡がある。その場合、法務局の指示に従って修正した書類を差し替えるか、直接法務局に行って修正する。

**法務局からの
問い合わせが
あったときのために
提出書類はすべて
コピーしておこう**

STEP 3

不備がなければ、登記完了！

書類に不備がなければ、そのまま登記完了となる。不備がないときは、申請から完了まで1週間程度で済む。

STEP 4

印鑑カードを取得する

登記完了後、法務局に「印鑑カード交付申請書」を提出する（申請書は法務局に置いてある）。直接窓口に提出した場合、印鑑カードは即日（数十分程度で）受けとれる。

STEP 5

登記事項証明書と印鑑証明書を取得する

法務局にある証明書発行請求機に印鑑カードを挿入する。請求機の指示に従い、登記事項証明書と印鑑証明書をそれぞれ取得しておこう。法人の口座開設時などに必要となる。

法人設立届出書の記入例と提出の流れ

登記申請が終わったら各所に「法人設立届出書」を提出し、法人ができたことを知らせる必要があります。

登記申請が済んだら、所轄の税務署、都道府県税事務所、市区町村役場に法人設立届出書（以下、設立届）を提出します。東京23区内で設立した人は市区町村役場への提出は不要です。

税務署には設立から2か月以内に提出ですよね。ほか2つはいつまでですか？

都道府県税事務所と市区町村役場への提出期限は自治体ごとに異なります。事前にチェックしておきましょう。設立届は、各役所のホームページからダウンロードすることができます。

設立届は添付書類と一緒に郵送か持参すればいいんですよね。提出の際の注意点はありますか？

持参する場合は、提出用と控え用の2部をもっていきます。控え分は受領印を押してもらったら、返却してもらえます。郵送する場合は控えの返送のための返信用切手と封筒を同封してください。

所轄の税務署

納税地の税務署のこと。国税庁のホームページから調べることができる。

都道府県税事務所

地方自治体に納める税金を管理する。場所は各都道府県のホームページで確認することができる。

市区町村役場

市役所や区役所、村役場のこと。

［法人設立届出書の記入例］

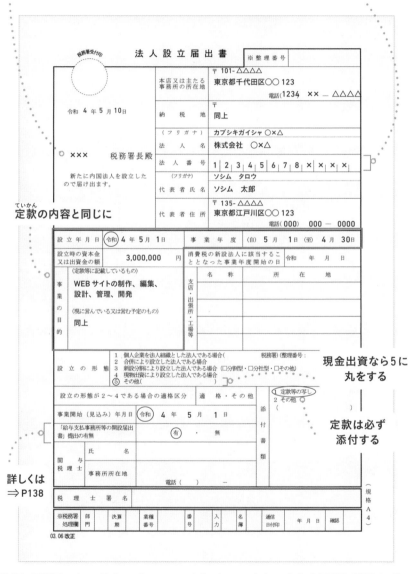

所轄の税務署を
記入する

登記完了後、国税庁から登記上の住所に2稼働日後に
届く。国税庁の「法人番号公表サイト」でも検索可能

定款の内容と同じに

現金出資なら5に
丸をする

定款は必ず
添付する

詳しくは
⇒P138

法人設立届出書

※整理番号

本店又は主たる事務所の所在地	〒101-△△△△ 東京都千代田区○○ 123 電話(1234 ××－△△△△
納 税 地	〒 同上
（フリガナ）	カブシキガイシャ○×△
法 人 名	株式会社 ○×△
法 人 番 号	1 2 3 4 5 6 7 8 × × × ×
（フリガナ）	ソシム タロウ
代表者氏名	ソシム 太郎
代表者住所	〒135-△△△△ 東京都江戸川区○○ 123 電話(000) 000－0000

令和 4 年 5 月 10日

×××　税務署長殿

新たに内国法人を設立した
ので届け出ます。

設立年月日	令和 4 年 5 月 1 日	事業年度	(自) 5 月 1 日 (至) 4 月 30日

設立時の資本金又は出資金の額	3,000,000 円	消費税の新設法人に該当することとなった事業年度開始の日	令和 年 月 日

事業の目的	（定款等に記載しているもの）WEBサイトの制作、編集、設計、管理、開発 （現に営んでいる又は営む予定のもの）同上	支店・出張所・工場等	名 称	所 在 地

設立の形態	1 個人企業を法人組織とした法人である場合(税務署)(整理番号: 2 合併により設立した法人である場合 3 新設分割により設立した法人である場合 (□分割型・□分社型・□その他) 4 現物出資により設立した法人である場合) ⑤ その他( )	添付書類	① 定款等の写し 2 その他 ( )

設立の形態が2～4である場合の適格区分	適格・その他

事業開始(見込み)年月日	令和 4 年 5 月 1 日

「給与支払事務所等の開設届出書」提出の有無	有 ・ 無

関与税理士	氏 名	
	事務所所在地	
	電話 ( ) －	

税 理 士 署 名

（規格A4）

※税務署処理欄	部門	決算期	業種番号	番号	入力	名簿	通信日付印	年 月 日	確認

03.06 改正

書式元：国税庁ホームページ（https://www.nta.go.jp/law/tsutatsu/kobetsu/hojin/010705/pdf/001-1.pdf）

＼ 届出書類の一覧 ／

主な提出書類と届出先をおさえよう

会社の形態によって、提出書類は異なります。ここでは主なものを紹介します。

設立前

（ 発起人が複数の場合 ）

書類名	提出先
発起人会議事録	法務局

発起人全員の同意を得て決めた会社の基本事項を記載する。定款（ていかん）で会社の所在地を市区町村までしか記載していない場合や資本金額を発起人や社員で決定した場合に、登記申請時に添付する。

（ 発起人が1人の場合 ）

書類名	提出先
発起人決定書	法務局

発起人が決めた会社の基本事項をまとめる。発起人会議事録と同等に、登記申請時に添付する書類となる。

※○は必須、△は場合による、×は不要。

定款認証時

株式会社の場合、定款認証の際に公証役場に行けない発起人に委任状を書いてもらう。合同会社は、定款認証は不要。

書類名	株式会社	合同会社	提出先
定款	○	定款認証は不要	公証役場
委任状（必要な場合）	△		

※○は必須、△は場合による、×は不要。

役員に就任する人が、会社宛に承諾の旨を記載した書類（承諾書）。役員ごとに作成し、個人の実印を押す。合同会社の業務執行役員は不要。

現物出資として、出資したものや評価額などが「適正である」ことをまとめた報告書。株式会社の場合、現物出資があれば作成する。合同会社は不要。

登記申請時

書類名	株式会社	合同会社	提出先
定款	○	○	
登記申請書	○	○	
資本金の払込を証する書面	○	○	
発起人会議事録　発起人決定書	○	△	
役員の印鑑証明書（市区町村発行）	○	×	
役員の就任承諾書	○	○	法務局
調査報告書	△	×	
財産引継書	△	△	
資本金の額の計上に関する証明書	△	△	
CD-R	○	○	
印鑑届出書	○	○	
印鑑カード交付申請書	○	○	

現物出資がある場合に作成する。資本金の額をルールにしたがって計算して決めたことを証明するもの。

現物出資がある場合に作成する。現物出資をする人が、会社に財産を引き継ぐことを証明する書類。

設立後

書類名	提出先
法人設立届出書	税務署 都道府県税事務所 市区町村役場 （東京23区外の場合）
登記事項証明書	
定款のコピー	

税務署での法人設立届出書提出時には、登記事項証明書と定款のコピーを添付する。

Q

登記内容を間違えたら、あとで変更できますか?

A

更正登記の手続きをすれば可能です。……ですが、費用はかかります。

　登記申請の書類は、法務局の登記官によるチェックを受けるため、不備があれば指摘され、補正や再度申請となります。

　しかし、起業家も担当の登記官も不備に気づかず、そのまま登記されるケースもあります。

　間違いを見つけたら、すみやかに訂正してください。実態と異なる内容の登記は、法律で罰せられることもあります。

　登記されている情報を正しくするためには「更正登記」をしなければなりません。「間違えたかもしれない」と思ったら、まずは登記申請時の書類の控えを確認しましょう。

　登記官によるミスだった場合には、法務局が更正してくれます。自分のミスだった場合には、更正登記の手続きへ。手続きは、登記申請をした会社の代表者が行います。

　登記のミスは誤字や誤植といった間違いを「錯誤（さくご）」、記入漏れを「遺漏（いろう）」といいます。更正登記をするときは、申請書とともに「錯誤又は遺漏があることを証する書面」を管轄の法務局に提出し、さらに2万円の登録免許税も支払うことになります。

　登記した内容を訂正するのは手間も費用もかかり、なかなかたいへんです。申請前に書類は念入りにチェックし、ミスがないようにしましょう。

第5章

知っておきたい
資金&口座の話

みんなが知りたい「資金調達の方法」や
「口座開設の方法」をわかりやすく説明します。

融資の審査を
通過するための
コツも
覚えよう

資金

設備資金と
運転資金を考える

起業時に必要なお金は「設備資金」と「運転資金」の２つ。
起業にいくら必要なのか確認しましょう。

 自分の事業に「なにが必要か」をすべて書きだし、事業全体にかかるお金を計算して、資金計画を立てましょう。まず設備資金と運転資金を把握します。

 設備資金は、業者に見積書を頼めば、わかりやすいですね。

 相見積りにして、比較検討するとよいですよ。

 運転資金は、月いくらになるかを計算すればいいんですね。

 それがわかったら、設備資金と運転資金３か月分を合計します。それが起業するにあたってかかる事業全体の費用です。

 いまの資金では足りないかも……。

 どれくらい足りないのか、金額を把握しておきましょう。それから、不足額の調達方法を検討します（→P118）。

設備資金

事業に使うデスクやイスのほか、コンピュータ機器など、設備を整えるための初期投資に必要なお金。

運転資金

家賃や水道光熱費、仕入にかかる費用など、事業を運営するために必要なコスト。

相見積り

複数の業者から見積書をもらうこと（「あいみつ」ともいう）。同じ条件で依頼することで、内容を比較検討しやすい。

［ 設備と運営にかかるお金を確認しよう ］

設備資金　事業を行うための設備を整える
費用を書きだしてみよう。

オフィス・店舗を借りるためにかかるお金	円
内・外装工事費	円
デスク・イス・棚などの備品	円
パソコン・プリンターなどのOA機器	円
車両など	円
⟹ 合計	円

運転資金　事業を運営するためにかかる1か月の費用を書きだ
そう。まずは、わかっている箇所だけでもOK。

家賃	円／月	仕入代金	円／月
水道光熱費	円／月	外注費	円／月
通信費	円／月	運送費	円／月
交通費	円／月	広告宣伝費	円／月
人件費	円／月	支払手数料	円／月
交際費	円／月	支払利息	円／月
消耗品費	円／月	⟹ 合計	円

［設備資金　　　　　円］＋［運転資金　　　　　円 ×3］

＝　必要な資金　　　　　円

設備資金に加えて、事業が軌道にのるまでの
運転資金3か月分は少なくとも必要になる。

起業に必要な 資金調達の方法

多くの人は、起業時に自己資金が足りていません。ここでは資金調達の方法を紹介します。

資金は多く用意するに越したことはありません。調達方法も知っておきましょう。

オススメの調達方法はありますか？

一般的なのは、「融資」による借入です。融資はほんとうにお金がないときには通りにくいので、資金が足りていたとしても申し込んだほうがいいと思います。

「出資」ってなんですか？

第三者にお金や財産を投資してもらうことです。家族や友人知人などから出資を受けることも少なくありません。**エンジェル投資家**や**ベンチャーキャピタル**からの出資もありますが、これは審査が厳しいです。

補助金や助成金は昨今よく聞きますね。心強そうです。

ただ、補助金と助成金は後払いになるので、「すぐお金が必要！」というときには頼りにできません。

エンジェル投資家
起業家を支援する個人の投資家。現役経営者といった実績のある人がいる一方、経営に口を出されるリスクもある。また、出会うことが難しい。

ベンチャーキャピタル
未上場企業に投資をする会社。エンジェル投資家よりも大きな出資額が期待される。しかし、将来性が高いと判断される必要があり、ハードルが高い。

［ 主 な 資 金 調 達 の 手 段 ］

自己資金

⇒ P62

返済義務のない自分自身が用意したお金
（贈与されたお金も含まれる）。

自己資金割合に
注意（→ P62）

お金

融資

⇒ P120〜123

日本政策金融公庫や民間金融機関からお
金を借入し、期限までに返済する。融資
を受けるための条件・金額や審査基準は
各機関で異なる。

日本政策
金融公庫

返済

起業家

融資

金融機関

出資

家族や友人知人、投資家やベンチャーキ
ャピタルなどの第三者にお金や財産を投
資してもらう。ただし株式会社の場合、
出資割合で経営に口出しされるリスクが
高まるので注意。

起業家

配当

出資者

出資

起業後に活用

補助金・助成金

⇒ P126

要件をクリアすれば、国や自治体から支給され
るお金。原則返済義務はないが、後払いになる
ため、すぐに資金がほしい場合には適さない。

国や地方自治体

起業家

支給

原則返済
義務はない

日本政策金融公庫の融資を活用する

いちばんオススメなのは、日本政策金融公庫の融資です。
日本全国に支店があり、相談することができます。

資金調達に苦労している起業家の心強い
味方になるのが日本政策金融公庫の融資
制度です。

なにがいいんですか？

新規開業資金の場合、無担保・無保証人
で、最大7,200万円まで借入することが
できます。自己資金要件がないのも魅力
です。

融資を受けるまでには、どれくらい時間
がかかりますか？

申し込みからおおよそ1か月程度で、融
資が実行されます。素早く資金確保でき
る点も魅力です。

なるほど。起業家にやさしい融資制度な
んですね。

ほかにも、新規開業資金（→右ページ）
では、女性・若者・シニアの方々向けに
金利の優遇をしています。

日本政策金融公庫
「一般の金融機関が行
う金融を補完するこ
と」を目的に設立され
た特殊法人。国が100
％出資している。

無担保
担保は融資したお金を
回収できない場合に、
返済に当てることを約
束するもの（例：不動
産）。無担保は、その
担保がいらないこと。

無保証人
融資を受けた当事者が
お金を返済できない場
合、代わりに責任をも
って返済する人（保証
人）が不要となる。

［ 日本政策金融公庫の起業家向け融資制度 ］

新規開業資金

対象

新たに事業をはじめる人、もしくは事業を開始してから、おおむね7年以内の人。

 自己資金の割合

要件なし
※実務上は自己資金がないと審査のハードルが上がる

資金の使いみち

新たな事業を開始する、もしくは開始後に必要な設備資金と運転資金に使う。

特徴

返済期限
設備資金20年以内
（うち据え置き期間5年以内）
運転資金10年以内
（うち据え置き期間5年以内）

限度額
7,200万円
（うち運転資金4,800万円）

原則としては、担保は不要・保証人は必要となる。金利は2.60％程度。特例として、金利上乗せをすれば無保証人とすることもできる。

新規開業資金（女性、若者／シニア起業家支援関連）

対象

新たに事業をはじめる人、もしくは事業を開始してから、おおむね7年以内の人のうち、女性または35歳未満か55歳以上の人。

 自己資金の割合

要件なし
※実務上は自己資金がないと審査のハードルが上がる

資金の使いみち

新たな事業を開始する、もしくは開始後に必要な設備資金と運転資金に使う。

特徴

返済期限
設備資金20年以内
（うち据え置き期間5年以内）
運転資金10年以内
（うち据え置き期間5年以内）

限度額
7,200万円
（うち運転資金4,800万円）

原則としては、担保は不要・保証人は必要となる。金利は2.20％程度。特例として、金利上乗せをすれば、無保証人とすることもできる。

「制度融資」についても知っておこう

自治体や民間金融機関などが連携して起業家を支援してくれる制度があります。

起業家が活用する資金調達として「制度融資」もあります。

どんなものなんですか？

「自治体」「民間金融機関」「信用保証協会」と3つの機関が連携し、金融機関から融資を受ける制度です。詳しくは各市区町村や都道府県のホームページを見てみましょう。

民間金融機関
都市銀行や地方銀行、信用金庫や信用組合のこと。

信用保証協会
起業家が融資のお金を返済できない場合に、代わりに金融機関に返済する。ただし、起業家は立て替えてくれた信用保証協会に対して返済義務がある。

日本政策金融公庫（→P120）との違いはなんでしょうか？

比較的金利が低い場合が多いです。ただ、融資実行までには時間がかかり、自己資金割合の要件は厳しめです。また、すでに支払済の設備費用は資金使途には認められません。

資金使途
お金の使いみちのこと。不正に使うことは「資金使途違反」と呼ばれる。

う〜ん。どちらがいいんだろう。

通常は、日本政策金融公庫で満額借入をするのが理想です。

［ 制度融資のしくみ ］

自治体は起業家の相談
を受け、制度融資を利
用するためのあっせん
書を発行する。

自治体

実際の
窓口

民間金融
機関

信用
保証協会

BANK

融資

金融機関を通して、起業家
が信用保証協会に保証（起
業家が融資額を返済できな
いときに、信用保証協会が
代わりに立て替えて金融機
関に払う）を申し込む。

金利
＋
保証料
＋
返済

起業家

制度融資は自治体、民間金融機
関、信用保証協会の3つが連携
して融資を行う。実際の融資の
窓口は民間金融機関が担当する。

＼ 融資を申し込む前に ／

審査に通過するための
コツを解説

ふだんの行動が審査にも響きます。少なくとも1年前から準備しましょう。

融資によって、起業の夢を実現した人は多くいます。ただ、融資を受けるためには、審査を通過しなくてはなりません。審査ではさまざまな角度から「融資先として信用できるか」を見定められます。右ページに主なチェックポイントをまとめたので参考にしてください。過去の自分の行動も審査に影響します。起業を

決意したら、身を正しましょう。

また、もし審査を受ける前に「落ちそう」と感じたら、申し込みは取り下げたほうが無難です。一度審査に落ちると、金融機関に記録が残ります。すると、再度申し込んだとしても、申し込みの段階で落とされる可能性があります。撤退したほうがリスクの回避になるのです。

審査に通るまでの主な流れ

日本政策金融公庫の場合

公庫の窓口に相談
⇓
借入申込書と
添付書類の提出
⇓
担当者との面談
⇓
結果通知
⇓
契約書の締結

審査の手順は融資をする機関により異なるが、面談は必ずある。

制度融資の場合

自治体の窓口に相談
⇓
あっせんの申込
⇓
金融機関の選択
⇓
担当者との面談
⇓
信用保証協会との面談
⇓
結果通知
⇓
契約書の締結

融資実行

📖 審査でみられるポイントをチェック!

☑自己資金の割合

自己資金の割合は高いほうが有利。最低でも事業全体にかかる費用の3分の1から2分の1は準備したい（→調達方法はP118参照）。また、積み立てなど、計画的に貯めたほうが好印象。

☑これまでの経験や能力

起業する業種の職務経験があると高ポイント。ない場合は、未経験をどう補うのかアピールしよう。

☑個人の信用情報

通帳や明細、信用情報機関の記録などをもとに、公共料金の滞納やカードやローンなどの利用額、延滞状況などが集中的にチェックされる。

信用情報をチェック

下は主な信用情報機関。信用情報の照会はサイトから申込が可能。

⇓（株）シーアイ・シー

⇓（株）日本信用情報機構

← 一般社団法人
全国銀行協会
全国銀行個人信用
情報センター

☑返済できる可能性

事業内容や売上の予測などから、返済できるかどうかを判断される。事業計画書などを使い、現実的な数値を示そう。資金の使いみちや、利益を得るための工夫もしっかり説明する。

熱意を
伝えるのも
重要!

そこはですね

ここは
どうなってますか？

基本は融資担当者と1対1の面談となる。事業にかける熱い思いを伝えることも大切。

資金調達④

補助金・助成金は
こまめにチェックする

国や地方自治体が支給する補助金・助成金は毎年、新しいものが公表されます。見逃さないようにしましょう。

補助金・助成金も審査がありますが、融資と違って返済義務は基本的にありません。こまめに国や各自治体のホームページを見て、確認しましょう。

審査

申請書と必要書類を提出する。受給の可否だけでなく、支給金額も検討される。

でも、毎日は難しそうです。

国の予算年度に合わせて3〜4月に新しいものがでるので、少なくともこのタイミングではチェックしておきましょう。さらに、補正予算によって新しいものができたり、拡充されたりすることもあります。自分の事業が対象かどうかわからないときは、専門家による情報発信をチェックしたり、相談に行くのもよいです。

予算年度

国の会計年度のこと。会社の事業年度と同じようなもの。予算は財務省のホームページで公開されている。

補正予算

予算年度（本予算）とは別で組む予算。補正予算がでるタイミングは決まっていない。

後払いと聞いたのですが、受給までにどれくらい時間がかかりますか？

だいたい半年〜1年程度です。経済産業省系の補助金はプロジェクトを実行して報告書を提出してから支給されるのですが、厚生労働省系の助成金は審査が通れば入金されます。

［ 補助金・助成金の主な種類 ］

経済産業省系

キーワード 中小企業振興、
技術振興

経済産業省が行っているもの。起業促進や中小企業振興、技術開発の支援を目的とした補助金が多い。

例
・ものづくり補助金
・小規模事業者持続化補助金
・事業再構築補助金
・IT導入補助金

**経済産業省の
ホームページをチェック**

厚生労働省系

キーワード 雇用促進、
職業能力向上

厚生労働省が行っているもの。雇用促進や従業員の能力開発を目的とした助成金が多い。

例
・トライアル雇用助成金
・キャリアアップ助成金
・業務改善助成金

**厚生労働省の
ホームページをチェック**

自治体系

キーワード 地元企業の振興

例
・創業補助制度
・設備投資系補助制度
・販売促進系補助制度

都道府県や市区町村が行っており、地元の復興を目的としている。自治体によって内容は異なる。

**各自治体のホームページを
チェックしよう**

\ 認知度 UP にも有効！ /

クラウドファンディングについて考える

効果的に活用すれば、起業を成功させる後押しになります。

日本で広く普及しているのは「購入型クラウドファンディング」と呼ばれるものです。クラウドファンディングサイト（例：CAMPFIREなど）を介して、実行したいプロジェクトとそのために必要な目標金額を設定し、支援を募ります。そして、支援してくれた人にリターンを提供します（→右ページの図参照）。

自己資金が足りない場合などの資金調達方法として紹介されることが多いですが、ファンづくりや認知度UPなど幅広く活用できます。

もちろん、成功させるためには、共感してもらえるプロジェクトページづくり、事前告知など、しっかりとした準備をしなくてはなりません。

困ったときには、クラウドファンディングを得意としている専門家に聞いてみるとよいでしょう。

（ クラウドファンディングの募集方式 ）

目標額に資金が届かなかった場合の対応は、
下の募集方式によって変わる。

All-in

プロジェクトは絶対実行

⇒ 不足分のお金は、
　なんとか自分で補てん

プロジェクトの成否に関わらず、リターンを実行しなければならない。

All or Nothing

目標額に届かなければ
プロジェクトは不成立

⇒ お金は入ってこない

プロジェクトが成功した場合に限り、支援金が入ってくる。

📖 購入型クラウドファンディングのしくみ

支援してくれた人に対し、リターン（お礼）をする。リターンは、試作品やお礼の手紙などでもOK。

クラウドファンディングサイト

設定されているリターンから選ぶ

支援金 ← ← 支援

リターン →

起業家

支援者

自社の商品やサービス、お礼の手紙など。

📖 成功するためのコツをチェック

☑ 事前にSNSで告知する

公開する10日くらい前には、SNSで告知をする。公開直後から多くの人の目にとまることが大事。

☑ ページのビジュアルを重視する

数あるプロジェクトのなかから、目をひいてもらえるように、プロジェクトページのデザインにも気を配る。

☑ 熱意が伝わる内容

「応援したい」と思ってもらえる熱い思いと起業のきっかけから、これまでの人生をプロジェクトページに入れる。

☑ All-inとAll or Nothingは慎重に検討する

資金に余裕がないのであれば、All or Nothingを選択したほうがよい。

資金繰りは
3か月先まで予測する

3か月先までのお金の流れを予測しておくと、余裕を
もって行動できます。

経営者にとって、資金繰りは"命"です。
黒字経営でも、経営が破たんすることが
あるんですよ。

えっ！　黒字なのに？

売上金が入ってくる前に多額の支払いが
発生すると手元のキャッシュがなくなっ
て、支払いができず、事業がまわらなく
なってしまうんです（**収支ズレ**）。

なるほど。こわいですね……。

そうした事態を避けるために、資金繰り
は3か月先まで予測しておきます。3か
月前にわかれば、余裕をもって対策を考
えることができるはずです。

資金繰りをするうえで、コツみたいなも
のはありますか？

つねに最悪の状況を想定しておくことで
す。不測の事態があったときにまわせる
余剰資金もあるといいですね。

収支ズレ
カード決済や後払いな
どは、取引日に売上が
発生するが、実際の入
金はまだされていない
状態。

余剰資金
いざというときのため
の余裕をもった資金。

［ 黒字経営でも倒産することがある ］

**業績順調！
事業を大きく
しよう**

業績が順調だから、積極的に投資して事業を大きくしようとする。

**思ったよりも
出費が
大きいな……**

投資による支出で思ったよりも、出費がかさんでいく。

**現金の回収が
遅れてる……**

支出のスピードよりも、取引先からの入金スピードのほうが遅い。

**儲かっている
ときこそ
慎重に！**

廃業・倒産

入金より支出がどんどん増えていき、最後には廃業や倒産に至る。

**支払いに
間に合わない！**

現金回収が追いつかず、手元の現金がなくなり、支払いができない。

［ 資金繰りの考え方 ］

 Point 1

**収入は最小。
支出は最大に見積もる**

収入は最小に、支出を最大になるように仮定する。また、取引先からの入金を遅めに、自分の支出を早めに想定しておくとよい。

 Point 2

**税金や保険料を
把握する**

消費税や住民税などの税金の額、納税のタイミングのほか、年払いの保険料の支払いを把握する。忘れていると、想定外の大きな出費に。

 Point 3

**節税に
こだわりすぎない**

節税を追求しすぎると、利益が少なくなる。その結果、キャッシュが減ることもある。節税は適正な範囲で活用する。

金融機関の種類と特徴を知っておこう

取引する金融機関を決めるときには、それぞれの特徴を考慮しましょう。

金融機関には、5つの種類があります。右のページにまとめてみました。

選ぶときのポイントはありますか？

信用金庫や信用組合は、地域の企業に対してきめ細かい対応をしてくれ、比較的融通がきくと思います。たとえば、少額の融資にも対応してくれたりします。

でも、都市銀行や地方銀行のほうが、知名度もあっていいんじゃないでしょうか？

たしかに取引先リストに大手銀行があると信用を得やすいですね。ただ、口座開設や融資の審査が厳しい傾向があります。

ネット専業銀行はどうですか？

ネット専業銀行は口座引き落としができないことがあります。使用するなら、別の金融機関の口座と併用したほうがいいですね。

きめ細かい対応
少額の融資への取組みをしていたり、取引先などを紹介してくれる場合がある。

［ 主な銀行とその特徴 ］

都市銀行

大都市に本店、全国各地に支店のある銀行。大口取引を中心に行う。
（例：三菱UFJ銀行など）

地方銀行

特定の地方を中心に営業を行っている銀行。個人のほか、主に地元の個人事業主や中小企業と取引する。
（例：千葉銀行など）

信用金庫

会員の出資で運営され、取引先は営業エリア内の個人や地域の中小企業。融資を受けるには、会員になる必要がある。
（例：西武信用金庫など）

信用組合

組合員の出資によって運営されている金融機関。基本的には営業エリア内の組合員（在住者、在勤者、事業を運営している人など）と取引する。
（例：第一勧業信用組合など）

ネット専業銀行

実店舗をもたず、インターネット上のみで業務をしている銀行。営業は24時間年中無休。振込手数料が無料になる場合もある。融資は行わない。
（例：楽天銀行、PayPay銀行など）

各金融機関の傾向

少額の融資への対応

可能性

大 信用金庫・信用組合

地方銀行

小 都市銀行

信用金庫や信用組合は地域社会の発展も目標に活動している。少額融資や返済の猶予など、柔軟に対応してくれる可能性がある。

融資の際の金利の低さ

金利

低 都市銀行

地方銀行

高 信用金庫・信用組合

都市銀行や地方銀行は、信用金庫や信用組合よりも金利が低い傾向がある（制度融資利用を除く）。

事業用の口座を
つくっておこう

事業とプライベートの口座を兼用すると、お金の流れが
わかりにくく、管理がたいへんになることがあります。

自分が使っている口座をそのまま事業の
口座として使ってもいいでしょうか？

OKです。ただ、私生活と事業のお金の区
別がつきにくく、経理（→P146）がたい
へんになってしまいます。これは税理士
にも嫌がられることが多いんですよ。で
きれば事業専用の口座をつくりましょう。

なるほど。そういえば、個人事業主は法
人と違って資本金がないですよね。事業
用の口座に、最初にいくら入れたらいい
でしょうか？

金額に決まりはありません。当面使う資
金を入れておきましょう。

ほかに気をつけることはありますか？

屋号をつけた口座をつくりたい人もいる
と思いますが、屋号を入れる場合、開設
の審査が多少厳しくなることがありま
す。屋号は必要がなければ、無理に入れ
ようとしなくて大丈夫です。

資本金がない

個人事業の場合、法人
と違って資本金を設定
することはないが、事
業を運営するためには
どのみち資金が必要と
なる。

屋号をつけた口座

あくまでも、通帳の名
義は個人なので、屋号
は必要ない。ただ、事
業により、屋号を入れ
たほうが取引で信用さ
れやすい場合もある。

［ 事業専用口座をつくるメリット ］

 口座を分けないと……

事業用の部分に
蛍光ペンを引かないと
区別できない

年月日	概要	お支払い金額 (円)	お預かり金額 (円)	差引残高 (円)
23-3-8	振替	¥8,000		¥2,992,000
23-3-10	カード	¥30,000		¥2,962,000
23-3-25	送金	¥48,000	タナカトモヤ	¥2,914,000
23-4-1	振込	デザイン△△	¥60,000	¥2,974,000
23-4-10	カード	¥5,500		¥2,968,500

デメリット 事業用のお金と、
プライベートのお金の
区別がつきにくい

プライベートの口座と兼用すると、お金
の出入りを把握する際、事業用の部分が
どこかを探す必要がある。経理作業の負
担が大きい。

 口座を分けたら……

最初に当面の資金を
入れておく

年月日	概要	お支払い金額 (円)	お預かり金額 (円)	差引残高 (円)
23-3-8	振込	ソシムタロウ	¥5,000,000	¥5,000,000
23-3-10	送金	¥48,000	タナカトモヤ	¥4,952,000
23-3-25	振込	デザイン△△	¥60,000	¥5,012,000
23-4-1	振替	¥86,000	■■オフィス	¥4,926,000

メリット お金の出入りが
パッと見て把握できる

お金の流れがひと目でわかる。事業資金から
自分の生活費をだす場合も、事業用の口座か
らプライベートの口座に振り替えるとよい。

法人口座の開設に必要な書類をそろえよう

会社の口座を開設するには個人口座よりも厳しい審査があります。必要書類をそろえ、身だしなみにも気をつけましょう。

 法人口座の開設は通りにくいと聞いたことがあります。

 そのとおりです。「この会社なら付き合っても大丈夫」と金融機関に思ってもらえないと開設を断られてしまいます。

 審査に通るコツはありますか？

 まず、自分の事業の資料をしっかり準備しましょう。窓口で聞かれたときに、わかりやすく説明できるものがあるといいですね。身だしなみや振る舞いに気をつかうことも重要です。会社の代表者が行きましょう。

 総合的にチェックされるんですね。もし、開設を断られたらどうしたらいいんでしょう？

 別の金融機関でチャレンジしてみましょう。ただ、いろいろまわってすべて空振りというケースもありえます。そんなときは専門家に相談しましょう。

身だしなみ
スーツやジャケットを着用するなど、きちんとした服装や清潔感のある髪型にしておき、金融機関の担当者に好印象を与えられるように心がける。

振る舞い
丁寧な言葉づかいと態度で接する。

［ 必須書類のほか、事業の資料もあると安心 ］

絶対に必要な書類・モノ

例

・発行後3か月以内の履歴事項
　全部証明書（登記事項証明書）
・法人の銀行印
・代表者の身分証明書
・口座に入金する現金（少額でOK）

**金融機関により異なるので
事前にホームページなどでチェックを**

必要書類は金融機関によって異な
る。たとえば登記事項が記載された
履歴事項全部証明書と銀行印、法人
の代表者の運転免許証や健康保険証
なども必要になることもある。

場合によって必要な資料

例

・事業計画書 (⇒ P58)
・オフィスの賃貸契約書
・定款(ていかん) (⇒ P102)
・法人の印鑑証明書
・パンフレットなどの広告

金融機関では、事業をしていることの証明を
求められることがある。上記のような資料を
一緒に持参しておくと、あわてずに済む。

**事業内容をきちんと
説明できることも大切！**

**事業の内容は
○○です**

**取引先や
ターゲットは
△△です。**

申し込みから2週間程度で
審査され、口座開設の可否
の連絡がくる。

信用できそうだ

BANK

開設OK

給与を支払うための手続きをする

役員報酬や従業員の給与を支払う場合、最初に給与支払いの手続きを行う必要があります。

法人の場合、給与を支払う事務所を開設してから1か月以内に「給与支払事務所等の開設届出書」を税務署に提出します。これは1人起業でも必要です。

法人が役員報酬や従業員の給与を支払う場合には提出が必要なんですよね。

役員報酬

役員に支払う給与のこと。毎月同額を受けとることを「定期同額給与」という。

個人事業でも、従業員の給与を支払うなら、この手続きが必要になります。

そういえば、役員報酬ってどうやって決めるんですか？

金額はある程度自由に設定できますが、金額が大きいほど、社会保険料や個人の所得税が増えます。

自由に設定

1人起業の場合は自分だけで決められるが、株主がほかにいれば、株式会社なら株主総会、合同会社なら社員の話し合いで決める。

じゃあ、低くしたほうがいいんですね？

いえ、低く設定すると生活水準を保てないこともあるので、慎重に決めましょう。税理士などの専門家に依頼してシミュレーションしてもらうこともできますよ。

〔給与支払事務所等の開設届出書の記入例〕

所轄の税務署
を記入する

○で囲む

最初の給料日を記入する

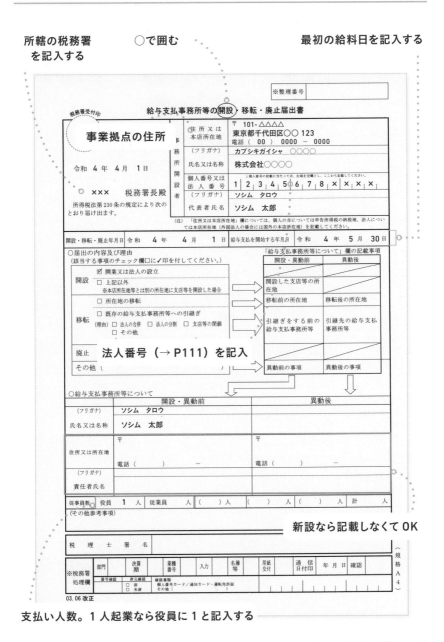

事業拠点の住所

法人番号（→ P111）を記入

新設なら記載しなくて OK

支払い人数。1 人起業なら役員に 1 と記入する

書式元：国税庁のホームページ（https://www.nta.go.jp/law/tsutatsu/kobetsu/hojin/010705/pdf/008-1.pdf）

COLUMN

Q

融資の面談で、特に気をつける ポイントはありますか？

A

受け答えをしっかりできるよう 準備しておきましょう。

面談では、誠実な人柄かどうかもチェックされています。嘘をついたり（バレないと思っていても、プロは見抜くものです）、横柄な態度をとったり、お金に対してルーズだと思われる言動は避けましょう。ハキハキと、わかりやすく説明できると好印象を与えられます。

面談は基本的には事業計画書の記載内容に沿って、質問されます。理路整然と答えられるようにしましょう。つい口走った内容が記載内容と整合性がとれない、という事態は避けなくてはなりません。

なお、記載内容はすべて重要ですが、特に、自分の商品・サ

ービスをどのような戦略で打ちだしていくのかが明確で、自分が参入しようとしている「市場」について客観的に理解できていることも重要です。質問されても、あいまいな受け答えしかできないと、無計画と判断されてしまいます。

また、すでに取引先があるなら、契約書などを持参して、エビデンスを示すと信ぴょう性が高くなり、有利になると思います。

面談をする担当者は、数多くの面談をしているプロです。準備不足はすぐに見抜かれてしまいます。面談は「事前準備がすべて」と思って、しっかり準備するようにしてください。

税金・経理・社会保険の話

個人事業主や会社にかかる税金は？　社会保険
はどうなるの？　など。税金や社会保険について、
詳しく解説します。

個人事業主と
法人では、
税金も社会保険も
異なるよ

知らなきゃマズい！
確定申告のこと

個人事業主も法人も、期日内に税務署などに納税額の申告と納税を行う必要があります。

いまは会社がしてくれるけど、起業したら自分で確定申告をしないといけなくなるんですよね。

そうです。**期限までに支払う税金や控除額を申告**します。一般的に確定申告は個人事業主の所得税（→P154）についていわれることが多いのですが、法人もさまざまな税金の申告義務があります（→P164）。個人事業と法人の確定申告の違いを右ページにまとめました。

もし、申告の期限を過ぎてしまったらどうなるんでしょう？

法人も個人事業も**期限後申告**を行います。ただ、**無申告加算税や延滞税**といった税金が加算されてしまう可能性があります。税金の種類によって申告・納税時期が異なることもありますから、気をつけましょう。

なるほど。忘れないように気をつけないといけませんね。

控除
課税対象額から差し引くこと。控除額が大きいほど、支払う税金が減ることになる。

期限後申告
確定申告の期限を過ぎたあとに、申告を行うこと。

無申告加算税
申告期限を過ぎた場合に、納税するはずの金額に応じて追加で支払う税金。ただし、「その期限後申告が、法定申告期限から1か月以内に自主的に行われている」かつ「期限内申告をする意思があったと認められるなど、一定の場合に該当する」場合には免除されることもある。

［ 確定申告のしくみ ］

個人事業主や法人は、所定期間内の利益にかかる税金を計算
し、税務署に申告・納税する必要がある。

個人事業主

個人事業主の場合、税務署に確定
申告した所得税に基づいて、後日
市区町村から住民税の納税通知が
届く。

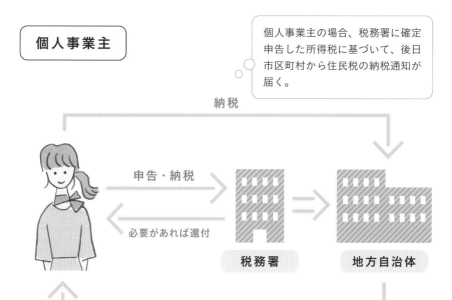

納税

申告・納税

必要があれば還付

税務署　　**地方自治体**

通知・納付書

法人

法人の払う税金は税務署と地方自治
体に申告して納税する。

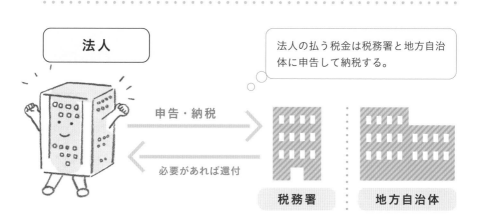

申告・納税

必要があれば還付

税務署　　**地方自治体**

143

起業後2年間（2期）は消費税は免税される?

日常生活でモノを買うときには必ず消費税を支払いますが、事業で支払う消費税には免税期間があります。

事業者は事業で得た消費税から支払った消費税を引いた額を税務署に申告し、納付しなくてはなりません。ただ、**通常、起業後2年間（2期）は支払わなくてもよい場合が多い**んですよ。

それは個人事業主も、法人もですか？

特定期間の特例という例外もありますが、基本はどちらも2年前（2期前）の課税売上高が1,000万円を超えなければ3年目（3期目）も**免税事業者**となります。ただ、法人は設立時の資本金が1,000万円以上だと最初から**課税事業者**です。

2年前（2期前）の売上が1,000万円を超えないかぎりは、**免税事業者**ということですね。

免税事業者でも、消費税込の金額を取引先に請求してもいいんでしょうか？

もちろんです。気にせず請求してかまいません。

特定期間の特例

特定期間とは、基本的に前年もしくは前事業年度の開始から6か月間のことを指す。特定期間の売上もしくは給与の合計額が1,000万円を超えると、前々年の売上が1,000万円を超えなくても課税事業者になる。

免税事業者

消費税を納めなくてもよい個人事業主もしくは法人のこと。

課税事業者

消費税を納付する義務がある個人事業主もしくは法人のこと。「消費税課税事業者選択届出書」を税務署に提出すると、免税事業者の対象でも課税事業者となる。原則として売上などで得る消費税よりも支払う消費税が多い場合、消費税の差額の還付を受けることができる。

［ 3年目が「免税」「課税」の分かれ道 ］

基本的には起業後2年間（事業年度は2期）は、
消費税の納税は免除される。

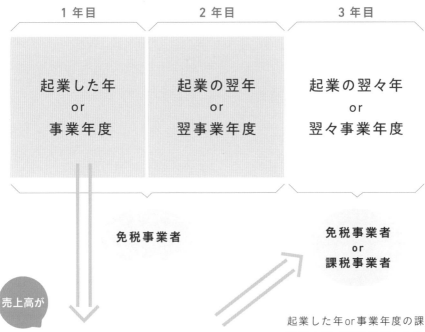

1年目	2年目	3年目
起業した年 or 事業年度	起業の翌年 or 翌事業年度	起業の翌々年 or 翌々事業年度

免税事業者

免税事業者
or
課税事業者

売上高が

1,000万円を超える ＝ 3年目は課税事業者

1,000万円を超えない ＝ 3年目も免税事業者
※特定期間の特例あり（→P144）。

起業した年or事業年度の課
税売上高（消費税がかかる
売上）が1,000万円を超える
と、3年目は課税事業者にな
る。すると、消費税の確定申
告を行う必要がでてくる。

☑ インボイス制度と消費税の関係は？

課税事業者が消費税の仕入税額控除を受けるために「インボイス
（適格請求書）」が必要になる制度。これは課税事業者だけが発行で
きるため、取引先に求められても免税事業者は発行できない。

経理で事業の状況を正しく把握する

経理でお金の流れをきちんと記録することで事業の状況を把握し、経営方針を定めることができます。

経理は、経営状況を把握するのに欠かせない業務です。右ページのように大まかに4つに分類できます。

たくさんありますね……。

いま勤めている会社では、経理部に任せているので、自分でするとなるとたいへんです。

たしかにたいへんではありますが、**経理は確定申告（→P142）する税金の算出や事業の計画を立てる指標にもなります。きわめて重要な業務なので、きちん**と行いましょう。

どんぶり勘定ではダメだってことですね。会計ソフトを使おうかな。

領収書や請求書などの会計書類はしっかりと管理・記録してください。**起業準備で使ったものの領収書も保管しておきましょう。あとから経費で落とせるものも**ありますよ。

どんぶり勘定
正確に把握するのではなく、大ざっぱな金額で捉えてお金のやりくりをすること。経営がうまくまわせない。

会計ソフト
経理業務を簡単に行うために開発されたソフト（例：freee、弥生会計オンラインなど）。

起業準備で使ったもの
「名刺や印鑑などの購入費」「起業するために行った打ち合わせのときに使った交通費や飲食費」「文房具やソフトウェアの購入費」「チラシなどの広告印刷代」「WEBサイト作成費」などは経費にすることができる。

［ 主な経理の業務４つ ］

1 ＼ 毎日のお金の出入りを管理 ／

日次業務

交通費や備品の購入代金の精算、預金口座
への入金・引き落としの確認、経費とする
お金の記録など、動くお金を毎日管理する。

例
・領収書、請求書の整理
・現金、預金の管理
・経費の記録

など

2 ＼ 月々の請求・支払いを済ませる ／

月次業務

請求書を発行したり、仕入のお金や給与の
支払いをしたりと、月ごとの請求・支払い
関連の業務を行う。

例
・請求書の発行
・給与の支払い
・仕入代金の支払い

など

3 ＼ １年間の業績を把握する ／

年次業務

１年間の業績をまとめた決算書（→P150）
を作成。申告・納税などを行う。

例
・決算書の作成
・確定申告

など

4 ＼ 融資、事業計画書の作成など ／

そのほかの業務

融資を受けたい場合は申請したり、売上に
基づいた今後の事業展開の計画を立てたり
する。

例
・融資の申請
・事業計画書の作成

など

経理②

帳簿のつけ方には 2種類ある

お金の流れを記録し、まとめたものが帳簿です。帳簿の
つけ方は確定申告の方法で変わります。

経理をするためには、まずは帳簿をつけなくてはなりません。この帳簿のつけ方には、単式簿記と複式簿記の2種類があります。

違いはなんですか?

単式簿記は、家計簿のように毎日のお金の出入りと内容を記録します。一方、複式簿記はさらに細かく内容を仕訳します。確定申告では、基本的に単式簿記なら白色申告、複式簿記なら青色申告（→P156・166）を選択します。

単式簿記のほうがラクそうですが……。

そうですが、オススメは複式簿記です。青色申告のほうが、控除額が大きくなります。ただ、個人事業主と法人では、同じ青色申告でもメリットが異なります（→P156・166）。

せっかくするなら、メリットが大きいほうがいいですね。

帳簿

事業の収入や支出、経費など、取引に関するお金をすべて記録するもの。いくつか種類があり、帳簿の種類や確定申告が「白色申告」か「青色申告」かなどによって、保管期限が異なる。

仕訳

複式簿記において、取引に関する記録をいくつかの帳簿に分類して記録をつけること。

［ 単式簿記と複式簿記 ］

単式簿記

家計簿のように、現金の収支を毎日記録する。基本的な取引内容を記入すればよいので、経理や会計業務初心者向けの方法。

初心者向けで
経理業務の
負担が軽い

必要な帳簿

現金出納帳

経費帳

など

取引のお金の流れ（出入り）を記入する現金出納帳と経費の記録をつける経費帳が必須。必要に応じて、ほかの帳簿をつける場合もある。

複式簿記

現金の収支のほか、支出の用途などを細かく記入する。単式簿記よりも記入項目も帳簿も多く複雑。

複雑だが
メリット
が大きい
（→ P156・166）

法人は
多くの場合、
複式簿記だよ

必要な帳簿

主要簿

仕訳帳　　総勘定元帳

＋

補助簿

現金出納帳　　経費帳　など

（単式簿記と同じもの）

取引内容を記入し、金額を記載する仕訳帳と決まった項目（勘定科目）ごとに取引内容を記入する総勘定元帳のほか、単式簿記と同一の帳簿もつける。

決算書をつくる

貸借対照表と
損益計算書って？

決算をするうえで、とても
重要な資料です。基礎知識
をおさえておきましょう。

「貸借対照表」は資産と、負債と純
資産の内訳を示した書類。「損益計
算書」は一定期間の経営成績を表し
たものを示します。この2つを合わ
せて「決算書」と呼びます。青色申
告をするためには、確定申告の際に
「青色申告決算書」が必要になりま

す。経営者になるのなら、事業の状
況を把握するために決算書は読める
ようにしておきましょう。

とはいえ、実際に決算書を作成す
るのも、読み解くのもなかなかたい
へんです。まずは、基礎知識を身に
つけましょう。

（ 貸借対照表の見方 ）

左は資産の項目。右上は負債の項目。右下は返
済義務のない純資産の項目となる。

※法人の場合

科目　　資産	金額	科目　　負債	金額
資産の部		負債の部	
現金預金	¥1,000,000	買掛金	¥1,200,000
売掛金	¥80,000	未払金	¥740,000
商品	¥70,000	借入金	¥450,000
車両	¥4,000,000	負債合計	¥2,390,000
減価償却累計額	▲¥1,000,000	純資産の部　純資産	
		資本金	¥1,000,000
差入保証金	¥40,000	利益剰余金	¥800,000
		純資産合計	¥1,800,000
資産合計	¥4,190,000	負債・純資産合計	¥4,190,000

⬆ 合計は同額になる ⬆

（ 損益計算書の見方 ）

商品・サービスの売上（売上高）から売上原価（→P182）を引いた金額が粗利益（売上総利益）となる。そこから販売費及び一般管理費（販管費）を引いたのが営業利益となる。

営業利益に営業外収益（預金の利息など、事業以外で得た利益）と営業外費用（借入金の利息など、事業以外のことでかかる費用）の合計を加減すると、経常利益がでる。

単発的な収益を特別利益、災害などの予期しないことで生じた損失を特別損失という。経常利益に特別利益と特別損失の合計を加減して算出するのが税引前当期純利益。

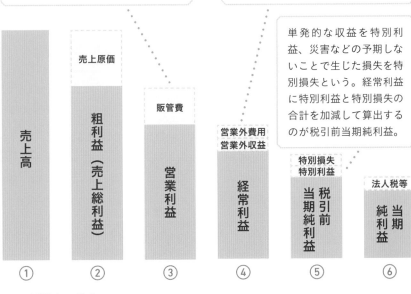

① 売上高
② 粗利益（売上総利益） 売上原価
③ 営業利益 販管費
④ 経常利益 営業外費用 営業外収益
⑤ 税引前当期純利益 特別損失 特別利益
⑥ 当期純利益 法人税等

※法人の場合

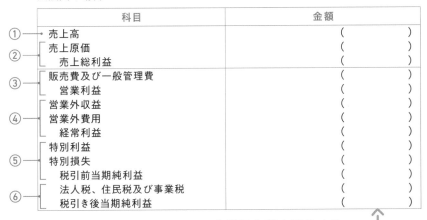

	科目	金額
①	売上高	( )
②	売上原価	( )
	売上総利益	( )
③	販売費及び一般管理費	( )
	営業利益	( )
④	営業外収益	( )
	営業外費用	( )
	経常利益	( )
⑤	特別利益	( )
	特別損失	( )
	税引前当期純利益	( )
⑥	法人税、住民税及び事業税	( )
	税引き後当期純利益	( )

実際は金額を記入する ──→

「社会保険」に加入して生活をまもろう

医療保険や年金保険など、社会保障制度の大部分を占めているのが「社会保険」です。

社会保障制度は、社会保険、社会福祉、公的扶助、保健医療・公衆衛生の4つから成り立っています。そしてその大部分を占めるのが社会保険制度です。

社会保険といえば身近なのは、健康保険ですね。

あとは、年金でしょうか。

そうですね。健康保険は社会保険のなかの「医療保険制度」、年金は「年金保険制度」によるものです。

ないと困ってしまいますよね。起業したら、社会保険についてもなにか手続きしないといけないんでしょうか?

起業したら、必要に応じて社会保険への加入手続きが必要になります。社会保険の種類や手続きは「個人事業主か」「法人なのか」など、加入する人の立場によって異なるので、このあとのページで詳しく説明しますね（→P162・172）。

公的扶助

最低限の生活を保障し、自立を助けるための制度。「生活保護制度」が該当する。

保健医療・公衆衛生

「医療サービス」「保健事業」「母子保健」「公衆衛生」など、国民が健康に生活できるようにするための予防、衛生に関する制度。

［ 生活をまもる社会保険のしくみ ］

社会保険

原則として、日本在住で一定年齢の人は必ず加入しなくてはならない。

① 年金保険

原則として65歳以上になったら、毎月一定の金額が国から支給される保険制度。支給額は保険の種類や支払った保険料などによって異なる。

・老齢基礎年金
（国民年金→P162）

・老齢厚生年金
（厚生年金→P172）
など

② 医療保険

病気やけがで医療機関を受診したときに、国が医療費の一部を負担する制度。自己負担割合は基本的には年齢によって異なる。

・国民健康保険
（→P162）

・健康保険（→P172）

・後期高齢者医療

③ 介護保険

40歳以上の人が加入。要介護状態と認定された人には、介護サービスを受ける際の費用の一部を国が負担する。

④ 労働保険

仕事が原因でけがをしたとき（労災保険）や、失業時（雇用保険）に一定額が給付される。

保険料の納付が必須

わたしたち

保険料

自治体

支給や支援

社会保険の給付を受けるためには、決められた保険料をきちんと支払う必要がある。

個人事業主が支払う主な税金

個人事業主の場合、所得税と住民税は必ず納税します。
そのほかは売上や資産などで変わります。

個人事業主の場合、少なくとも所得税と
住民税の納税義務があります。住民税
は、所得税の確定申告に基づき、市区町
村で決定され、通知がきます。

なるほど。ほかに個人事業主が支払う税
金はありますか？

固定資産税と個人事業税を納めることも
あります。これらは、事業の所得や所有
する資産などによって、納税の義務が発
生します。主な税金を右ページにまとめ
たので参考にしてください。

所有する資産
内装工事や機械装置、
パソコンやデスクとい
った備品などの「償却
資産」のこと。

税金の種類によって申告・納税期限が異
なるんですね！　忘れないようにしなく
ちゃ。

起業してから慌てないようにいまから税
金についても、しっかり覚えておきまし
ょう。

はい！　いまから勉強しておこうと思い
ます。

［ 5 つの税の申告・納付期限 ］

申告

所得税

【 申告・納付：3 月 15 日まで 】

1 年間の所得（利益）に対してかかる税金。税額は、所得額に応じて決められている。

通知がくる

住民税

【 納付：6 月、8 月、10 月、1 月 】

各地方自治体の運営のために徴収される。税額は確定申告後に地方自治体によって決定される。

忘れないようにしよう！

税によって申告・納付期限がバラバラなので、申告漏れに注意する。

個人事業主

申告

消費税

【 申告・納付：3 月 31 日まで 】

商品・サービスを取引するときに課される税金。売上に応じて納税義務が生じる（→P144）。

通知がくる

個人事業税

【 納付：8 月、11 月 】

法律によって、特定の業種に課せられる税金。確定申告後に都道府県が税額を決定し、納税通知書が届く。

申告

固定資産（償却資産）税

【 申告：1 月中 納付：年 4 回 】

対象となる資産に課される税金。地方自治体に「償却資産申告書」を提出する。

個人事業主は青色申告がオススメ

個人事業主が青色申告をする大きなメリットの1つに、控除額が大きいことがあります。

個人事業主は、白色申告と青色申告のどちらかを選択できますが、**オススメは特典の多い青色申告**です。

どんな特典があるんですか？

いろいろありますが、まず、複式簿記にすると、**最大で65万円の特別控除**が受けられます。

わぁ！ 65万円ですか！ 節税効果が高いんですね。

それから、3年間は赤字を繰り越して、黒字と相殺できるのもメリットです。黒字になったときの利益から、過去の赤字の金額を差し引いた額を基準に納税できます。

なるほど。税金は利益を基準に課税されるわけだから、黒字だとその分税金もかかってしまう……。前年が赤字なら、今年黒字分の税金を支払うのは痛い出費になるから、差し引いてもらえるのはうれしいですね。

特別控除
正式名は「青色申告特別控除」。さまざまな要件があるが（→P158）、所得から一定の金額を控除することができる。

繰り越し
次の年に、その金額を反映させること。

［ 青色申告のメリット ］

メリット①

最大65万円の
特別控除が受けられる

要件を満たせば所得税が一定額控除される。単式簿記は最大10万円の控除だが、複式簿記にすると最大65万円の控除となる（→P158）。

> 単式簿記（P148）
> ⇒ 最大10万円の控除
> ⋯⋯⋯⋯⋯⋯⋯⋯⋯⋯⋯⋯
> 複式簿記（P148）
> ⇒ 最大65万円の控除

メリット②

3年間まで赤字の繰り越しが可能

3年間は赤字を繰り越しできる。黒字となったときに赤字を差し引き、プラスになった利益のみ課税対象となる。

課税されない

30 ＋ 50 ＝ 80万 ＜ 100万
（起業した年の赤字）

| 赤字100万 | 繰越 | 黒字30万 | 繰越 | 黒字50万 |
| 前年 | | 翌年 | | 翌々年 |

メリット③

10万円以上30万円未満の支払いは
一度に減価償却して節税できる

1組10万円以上30万円未満の固定資産は一度に減価償却（→P75）して経費にできる。

メリット④

家族への給与を
経費にして節税できる

青色事業専従者給与の届出をすると、家族（生計をともにする配偶者やほかの親族）に支払う給与を経費にできる。

＼ 青色申告をするには？ ／
個人事業主の
青色申告の申請方法

期日内に税務署へ届出をします。事前に控除額の要件を確認しておきましょう。

　個人事業主が青色申告を行うためには、右ページの「所得税の青色申告承認申請書」を所轄の税務署に提出します（e-Taxでも申請可能）。提出は、開業した日から2か月以内です。翌年以降は青色申告を行う年の3月15日までとなります。期限を過ぎると白色申告になるので気をつけましょう。

　個人事業主の場合、青色申告を行うと所得税の特別控除が受けられます。ただし、控除額はどの要件を満たしているかで変わります。最大65万円の控除を受けるためには、55万円の控除の要件を満たすことに加えて、仕訳帳と総勘定元帳（→P149）を規定どおり電子化する（電子帳簿）。もしくは、確定申告時に国税庁が提供しているe-Taxソフトを利用する必要があります。55万円と65万円の控除の要件に当てはまらなければ、控除額は10万円です。

　申請時にはどの要件を満たすのか考えておきましょう。

（ 青色申告特別控除の条件 ）

控除額 55万円

① 不動産所得または事業所得がある

② 複式簿記で記帳している

③ 決算書（→ P150）を確定申告書に添付し、控除額を記載して期限までに提出する

控除額 65万円

① 左の55万円の要件に該当している

② 下記のいずれかに該当
　・仕訳帳と総勘定元帳を電子帳簿に保存している
　・所得税の確定申告と決算書の提出をe-Taxで行っている

上記に該当しなければ控除額は 10 万円になる

申請書の記入例

所轄の税務署を記入する

納税地以外に
事業所などがあれば記入する

税務署受付印

所得税の青色申告承認申請書

1 0 9 0

○×××　税務署長

令和5年 3 月 1 日提出

納　税　地	●住所地・○居所地・○事業所等（該当するものを選択してください。） （〒 135 −△△△△） **東京都江戸川区●● 123**　（TEL **00** − **0000** − **0000**）
上記以外の 住所地・ 事業所等	納税地以外に住所地・事業所等がある場合は記載します。 （〒　−　） （TEL　−　−　）

青色申告の
開始を
希望する年を書く

フ リ ガ ナ	ソシム　タロウ	生年月日	○大正 ●昭和 ○平成 ○令和 **61** 年 **7** 月 **23** 日生
氏　　名	**ソシム　太郎**		
職　　業	**デザイナー**	フリガナ 屋号	タロ **TARO**

令和 **5** 年分以後の所得税の申告は、青色申告書によりたいので申請します。

1 事業所又は所得の基因となる資産の名称及びその所在地（事業所又は資産の異なるごとに記載します。）

名称	**TARO**	所在地	**東京都江戸川区●● 123**
名称		所在地	

2 所得の種類（該当する事項を選択してください。）

●事業所得　・○不動産所得　・○山林所得

基本的には事業所得に○をする

3 いままでに青色申告承認の取消しを受けたこと又は取りやめをしたことの有無

（1）　○有（○取消し・○取りやめ）_____年___月___日　（2）●無

4 本年1月16日以後新たに業務を開始した場合、その開始した年月日　**令和5**年 **2** 月 **13** 日

5 相続による事業承継の有無

（1）○有　相続開始年月日 ____年___月___日　被相続人の氏名_____ （2）●無

開業日を
記入する

6 その他参考事項

（1）簿記方式（青色申告のための簿記の方法のうち、該当するものを選択してください。）

●複式簿記・○簡易簿記・○その他（　　　　　　　　）

（2）備付帳簿名（青色申告のため備付ける帳簿名を選択してください。）

●現金出納帳・●売掛帳・●買掛帳・●経費帳・●固定資産台帳・●預金出納帳・○手形記入帳
○債権債務記入帳・○総勘定元帳・●仕訳帳・○入金伝票・○出金伝票・○振替伝票・○現金式簡易帳簿・○その他

（3）その他

55万円もしくは65万円の控除を
受けたいときは、複式簿記に記載する

関与税理士 （TEL　−　−　）	税務署整理欄	整理番号		関係部門連絡	A	B	C
		0					
		通信日付印の年月日		確認			
		年　月　日					

書式元：国税庁ホームページ（https://www.nta.go.jp/taxes/tetsuzuki/shinsei/annai/shinkoku/pdf/h28/10.pdf）

個人事業主の 経費の考え方

事業を運営するために必要な費用は経費として認められ、
節税することができます。

 個人事業主が経費として認められるもの
について、右ページにまとめましたので
見てください。

 私は、自宅を事務所にしたいんですが気
をつけることはありますか？

 その場合、**家事按分**して、**事業で使用し**
た分だけ、**経費**として計上します。たと
えば、家賃は事業用スペース分だけ経費
となります。事業用にオフィスを借りて
いる場合は全額経費です。

 自宅兼事務所の場合は、事業とプライベ
ートで費用を分けないといけないんです
ね。ガス料金や水道料金もですか？

 ガス料金や水道料金は、基本的には経費
にできません。ただし、飲食業など事業
に必要とされる場合には認められます。

 なるほど！　いずれにせよ、基本的には
事業を行うために必要な支出が経費にな
るということですね。

家事按分
事業とプライベートの
費用が混在している場
合、事業で使った費用
を算出すること。家事
按分をしないと、確定
申告をしたときに不正
を疑われたり、修正を
求められたりすること
がある。

［ 個人事業主が経費にできる主な費用 ］

地代・家賃

家賃10万円、事業に使うスペースを40%とすると…

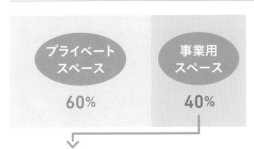

専用のオフィスや事務所の家賃は全額経費となる。自宅兼事務所の場合には、使っているスペースの割合に応じて、経費として計上する。

10万 × **40%** = **4万** を経費にできる

事業用スペース分だけが経費になるんですね！

水道光熱費

電気・ガス料金、水道料金。ガスと水道料金は飲食業など、必要とされる事業しか基本的に経費に認められない。

消耗品費

事務用品やOA機器、オフィスで使うトイレットペーパーや洗剤などの消耗品にかかる費用。

通信費

電話やインターネット利用、郵便など、取引先とのやりとりをするためにかかる費用。

旅費交通費

事業のために必要とされる電車やバス、タクシー、高速道路などの料金や宿泊料金。

広告宣伝費

広告の掲載料や名刺、チラシなど事業の売上を伸ばすための宣伝にかかった費用。

接待交際費

取引先との食事代や、お中元やお歳暮代、慶弔見舞金など、事業のための付き合いにかかる費用。

国民健康保険と 国民年金に加入しよう

起業して個人事業主になったら、国民健康保険と国民年金に加入する手続きを行う必要があります。

会社員をやめて起業する場合、勤めている会社を退職した翌日から14日以内に、国民健康保険と国民年金への加入手続きが必要です。

加入が遅れると、どうなりますか？

国民健康保険の場合、その間に病院を受診したとしても、医療費が一時的に全額自己負担になってしまう可能性があります。また、加入しても未加入期間の保険料も支払わなければなりません。

国民年金の加入が遅れた場合はどうなりますか？

国民年金の未納期間ができてしまいます。そうすると、未納分だけ老齢基礎年金が減額されることになってしまいます。障害年金や遺族年金が受けとれなくなることもあるんですよ。

それは困りますね！　期限内に忘れないように手続きします。

全額自己負担
健康保険制度に加入している場合、医療費の自己負担は原則3割（75歳以上の後期高齢者は原則1割）で済む。

老齢基礎年金
国民年金の保険料を納付した期間と、保険料が免除された期間などを合算した期間が10年以上ある場合に受けとれる。原則として受給は65歳以上から。手続きをすれば、受給年齢の繰り下げや繰り上げが可能。

障害年金
病気やけがで生活や仕事が制限された場合に受給できる年金。

遺族年金
亡くなった被保険者によって生計が立てられていた場合、条件が合えば遺族が受給できる年金。

［ 加入手続きの流れ ］

手続きは退職翌日から14日以内に行う。

退職

国民健康保険の加入手続き

必要なもの

・退職したことがわかる書類
・本人確認書類
・個人番号確認書類

前の職場に作成してもらう「健康保険資格喪失証明書（扶養家族がいる人は必要）」、もしくは「離職票」か「退職証明書」などの退職したことがわかる書類と、免許証などの本人確認書類、マイナンバーカードか通知カードを用意する。

市区町村役場へ

手続きが完了すると、即日健康保険証が交付される。手続きの完了日から、国民健康保険制度を利用できる。

＼ 未加入に注意 ／

期日内に加入しないと医療費が一時的に全額自己負担になるほか、加入した場合に未加入期間の保険料も請求される。手続きは期日内に忘れずに行おう。

国民年金の加入手続き

必要なもの

・基礎年金番号通知書または
　年金手帳・個人番号確認書類
・退職したことがわかる書類
・本人確認書類

基礎年金番号通知書または年金手帳・個人番号確認書類のほか、国民健康保険と同じく退職したことのわかる書類と本人確認書類をそろえる。

市区町村役場 or 年金事務所へ

住まいの市区町村の役場または最寄りの年金事務所で手続きをする。

＼ 扶養する配偶者も ／

会社員から個人事業主となった場合、扶養する配偶者の年金の種別も変わる。同じく市区町村の窓口か年金事務所での手続きが必要となる。

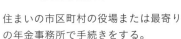

法人が支払うべき
さまざまな税金

法人は法人税をはじめ、さまざまな税金を納税する必要があるので覚えておきましょう。

法人にかかる税金で必須なのは、法人税、法人住民税、法人事業税です。そのほかは所得や保有資産に応じてかかる税金もあります。

法人も個人事業主と同様に、確定申告（→P142）をするんですよね。

もちろんです。ただ、個人事業主と違い、法人にかかる税金に関しては、税務署から納税の通知がくることはありません。すべて自分で申告することになりますから、気をつけましょう。

はい、忘れないようにします。ほかに気をつけることはありますか？

法人は役員や従業員の所得税の**源泉徴収**と住民税の**特別徴収**を行います。住民税は市区町村から通知が届きます。

なるほど！　まず自分でやってみて難しいと感じたら税理士に依頼することにします！

源泉徴収

給与の支払い者が給与を支払う際に所得税を天引きし、代わりに国に納税を行うこと。

特別徴収

給与の支払い者が給与を支払う際に、住民税を天引きし、代わりに市区町村に納税を行うこと。

〔 法人が納める主な税金と納付時期 〕

申告
法人税
【 申告・納付：事業年度終了日の翌日から2か月以内 】

事業で得た利益（所得）にかかる税金で、国に納める。資本金額や売上などによって税率が変わる。

申告
法人住民税
【 申告・納付：事業年度終了日の翌日から2か月以内 】

法人が事業所のある地方自治体に納める税金。「法人税割」と「均等割」で構成され、あわせて法人住民税という。

申告
消費税
【 申告・納付：事業年度終了日の翌日から2か月以内 】

商品・サービスを取引するときに課される税金。納税義務が生じるかは、売上などによって異なる（→P144）。

申告
法人事業税／特別法人事業税
【 申告・納付：事業年度終了日の翌日から2か月以内 】

どちらも都道府県に納めるが、特別法人事業税は国税となる。税額は資本金や年間所得などで決められる。

申告
固定資産（償却資産）税
【 申告：1月中　納付：年4回 】

減価償却（→P75）の対象となる資産にかかる税金。地方自治体に「償却資産申告書」を提出後、納税通知書が届いた場合は納税義務がある。

⊕ 個人にかかる税金

申告　通知がくる
所得税／住民税
【 申告・納付：原則として給与支払いの翌月10日まで 】

役員報酬や従業員の給与から、所得税と住民税を天引きし、会社が代わりに納税する。

法人の青色申告は
節税効果が大きい

法人の場合も青色申告がオススメ。赤字が続いたときに
控除を受けられて安心です。

法人も白色申告か青色申告かを選択でき
ますが、ほとんどの場合、税制上有利な
複式簿記（→P148）による青色申告を
選択します。

たとえば、どんな面が有利なんでしょう
か？

まず、10年間は赤字を欠損金として、
繰越控除を受けることができます。開業
して10年間は赤字でも、黒字と相殺す
れば法人税が課税されません。

欠損金
税法上の赤字のこと。
所得金額の損金（損失）
が益金（利益）を上回
ることで生じる。

起業当初は赤字でも、軌道にのったとき
の黒字でカバーできるということですね。

逆に前事業年度が黒字で当事業年度が赤
字の場合、前年度に払った税金を還付と
して受けとれます。減価償却費の特例も
受けることができます。

減価償却費の特例
30万円未満で取得し
た固定資産に対して、
取得した事業年度に全
額を償却できる（いわ
ゆる経費に計上でき
る）。ただし、適用対
象は取得価格が合計で
年間300万円が限度。

法人の場合にはいろいろな税金がかかり
ますから、節税できるのはありがたいで
すね。

［ 青色申告のメリット ］

メリット① 赤字を10年間は繰り越すことができる

最大10年間まで赤字を繰り越して、黒字と相殺することができる（「欠損金の繰越控除」という）。相殺すると法人税が課税されない。

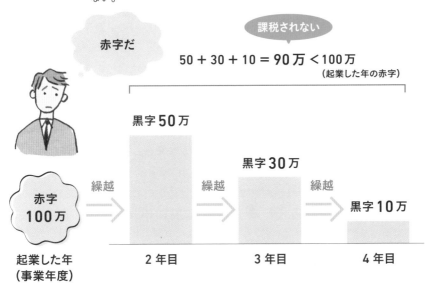

赤字だ

課税されない

50 ＋ 30 ＋ 10 ＝ 90万 ＜ 100万
（起業した年の赤字）

黒字50万

黒字30万

赤字
100万

繰越

繰越

繰越

黒字10万

起業した年
（事業年度）

2年目

3年目

4年目

メリット②

前年の黒字で
赤字を相殺できる

前年が黒字で、当年が赤字だった場合には、前年の黒字と相殺できる。また、前年の法人税の還付を受けることができる（欠損金の繰戻還付）。

メリット③

30万円未満の固定資産を
経費にして節税できる

一定の要件を満たした場合、30万円未満の固定資産を一度に減価償却して経費にできる。

＼ 青色申告をするには？／
法人の青色申告の申請方法

法人の青色申告の承認申請書は、個人事業主とは期限や記入内容が異なります。

　法人の場合、右ページの法人税の「青色申告の承認申請書」を法人設立日から3か月以内に所轄の税務署へ提出します。個人事業主同様、期限を過ぎると白色申告になるので忘れないようにしてください。仮に忘れてしまった場合には、次の事業年度の青色申告の申請を早めに行いましょう。

　法人の青色申告の申請書には、定款に記載した法人の基本的な情報のほか、帳簿の種類や形態、つけるタイミング、会計ソフトの使用の有無などを記入します。

（　期限が過ぎた場合、翌年度の申請をする　）

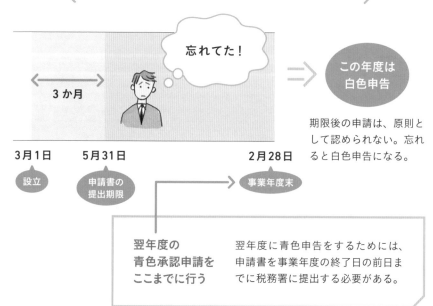

忘れてた！

3か月

この年度は白色申告

期限後の申請は、原則として認められない。忘れると白色申告になる。

3月1日　　設立

5月31日　　申請書の提出期限

2月28日　　事業年度末

翌年度の青色承認申請をここまでに行う

翌年度に青色申告をするためには、申請書を事業年度の終了日の前日までに税務署に提出する必要がある。

📖 申請書の記入例

所轄の税務署を記入する

登記事項証明書（⇒P109）や定款と同様に記入する

	青色申告の承認申請書	※整理番号	
	納税地	〒 101-△△△△ 東京都千代田区○○ 123 電話(1234) ×× - △△△△	
令和 5年 4月 1日	（フリガナ）	カブシキガイシャ○×△	
	法人名等	株式会社○×△	
	法人番号	1 2 3 4 5 6 7 8 × × × ×	
	（フリガナ）	ソシムタロウ	
	代表者氏名	ソシム太郎	
	代表者住所	〒 132-△△△△ 東京都江戸川区□□ 123	
×××税務署長殿	事業種目	WEB サイトの制作・編集 業	
	資本金又は出資金額	3,000,000 円	

設立日を記入する

自令和 4年 4月 1日　至令和 5年 3月 31日　事業年度から法人税の申告書を青色申告書によって提出したいので申請します

記

1 次に該当するときには、それぞれ□にレ印を付すとともに該当の年月日等を記載してください。
□ 青色申告書の提出の承認を取り消され、又は青色申告書による申告書の提出をやめる旨の届出書を提出した後再び青色申告書の提出の承認を申請する場合には、その取消しの通知を受けた日又は取りやめの届出書を提出した日　平成・令和　年　月　日
☑ この申請後、青色申告書を最初に提出しようとする事業年度が設立第一期等に該当する場合には、内国法人である普通法人若しくは協同組合等にあってはその設立の日、内国法人である公益法人等若しくは人格のない社団等にあって新たに収益事業を開始した日又は公益法人等（収益事業を行っていないものに限ります。）に該当していた普通法人若しくは協同組合等にあっては当該普通法人若しくは協同組合等に該当することとなった日　平成・令和 4年 4月 1日
□ 所得税法等の一部を改正する法律（令和2年法律第8号）（以下「令和2年改正法」といいます。）による改正前の法人税法（以下「令和2年旧法人税法」といいます。）第4条の5第1項（連結納税の承認の取消し）の規定により連結納税の承認を取り消された後に青色申告書の提出の承認を申請する場合には、その取り消された日　平成・令和　年　月　日
□ 令和2年旧法人税法第4条の5第2項各号の規定により連結納税の承認を取り消された場合には、同項各号のうち、取消しの基因となった事実に該当する号及びその事実が生じた日　令和2年旧法人税法第4条の5第2項第　号　平成・令和　年　月　日
□ 連結納税の取りやめの承認を受けた日を含む連結親法人事業年度の翌事業年度に青色申告書の提出をしようとする場合には、その承認を受けた日　令和　年　月　日
□ 令和2年改正法附則第29条第2項の規定による届出書を提出した日を含む最終の連結事業年度の翌事業年度に青色申告書の提出をしようとする場合には、その届出書を提出した日　令和　年　月　日

最低でもこの2つは記入する

2 参考事項
(1) 帳簿組織の状況

伝票又は帳簿名	左の帳簿の形態	記帳の時期	伝票又は帳簿名	左の帳簿の形態	記帳の時期
仕訳帳	会計ソフト	毎日			
総勘定元帳	会計ソフト	毎日			

(2) 特別な記帳方法の採用の有無
イ 伝票会計採用
ロ 電子計算機利用
(3) 税理士が関与している場合におけるその関与度合

会計ソフトを使う場合はここに○をする

税理士署名								（規格A4）
※税務署処理欄	部門	決算期	業種番号	番号	入力	備考	通信日付印 年月日 確認	

04.03 改正

書式元：国税庁ホームページ（https://www.nta.go.jp/law/tsutatsu/kobetsu/hojin/010705/pdf/056-1.pdf）

第6章 税金・経理・社会保険の話

169

法人は自分の給与を経費にできる

法人の場合、役員に支払う報酬も経費にできるなど、個人事業主よりも経費の範囲が広くなります。

法人のほうが、個人事業主よりも経費にできるものが多いんですよね。

はい。たとえば、自分の家（賃貸）を社宅として使用する場合には、事業用スペースに加えて、プライベートスペースの家賃の半分くらいが経費として計上できます。

持ち家だったら、どうなりますか？

持ち家の場合は住宅ローン控除なども関係してきて複雑になります。気になる場合は税理士に相談したほうがいいでしょう。

住宅ローン控除
住宅ローンにかかる金額のうち、一定額を差し引いた所得をもとに納税できる。適用には一定の要件がある。

なるほど。

もちろん、個人事業主が経費にできるもの（→P160）も経費にできます。右ページには、法人が経費にできる主なものを挙げてみました。

損金
法人税の計算をするときに益金から差し引くことができる金額。いわゆる経費と同じだが、厳密には範囲が異なる。

法人は個人事業主よりも、損金にできるものが多いから、節税しやすいんですね。

［ 法人が経費にできる主な費用 ］

自分の家を社宅にした場合

家賃10万円、事業に使うスペース40％のとき

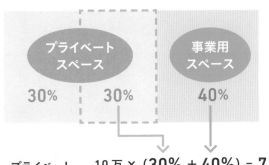

プライベート
スペース
30%　30%

事業用
スペース
40%

専用のオフィスや事務所の場合は、全額を経費として計上できる。自宅兼事務所の場合、事業用スペースに加えて、プライベートスペースのだいたい半分の割合の家賃を経費として計上可能。

プライベート
スペースの
半分

10万 ×（**30%** + **40%**）= **7万** を経費にできる

70%

役員報酬

役員報酬は、決まりに従って払った金額を会社の損金にできる。役員報酬は個人の所得になるので、所得税の納税はしなければならない。

法定福利費

健康保険料や厚生年金の保険料（社会保険料）は、半分を経費にできる。もう半分は個人の役員報酬や給与から天引きする。

出張旅費

移動にかかる交通費や宿泊代など、出張に際してかかる費用。

出張手当

出張時の日当（手当）を支給した場合、出張手当として計上する。

＋ 個人事業主の
経費にできるもの

個人事業主が経費にできる項目は、
基本的には法人も経費にすることができる。

健康保険と
厚生年金保険に加入する

法人の場合、1人起業でも健康保険と厚生年金保険に加入する義務があります。

会社を設立したら、原則として開設の5日以内に健康保険・厚生年金保険新規適用届を年金事務所に提出しましょう。

新規適用届を提出するときに、添付書類は必要ですか？

登記事項証明書（→P109）、法人番号指定通知書のコピーも一緒に提出します。窓口持参のほか、郵送や電子申請もできます。従業員がいるなら、**被保険者資格取得届**も必要です。これは従業員の社会保険の加入手続きとなります。

保険料はどうなるんでしょうか？

保険料は標準報酬月額に対して、健康保険料、厚生年金保険料などの保険料率をかけて計算されるので、金額は一概にはいえません。ただ、基本的には従業員と会社で半額ずつ負担することになります。保険料は保険料口座振替納付（変更）申出書を提出すると、口座振替が可能です。

登記事項証明書
法務局のホームページからオンライン申請することができる。

**法人番号指定
通知書のコピー**
「法人番号指定通知書のコピー」が用意できない場合は「国税庁法人番号公表サイト」で確認した法人情報（事業所名称、法人番号、所在地が掲載されているもの）の画面を印刷して添付してもよい。

被保険者資格取得届
事業主が雇用する人を社会保険に加入させるための届出。パート・アルバイト等の短時間労働者は労働時間や賃金など、一定の要件を満たすと対象になる。

［ 新規適用届の記入例 ］

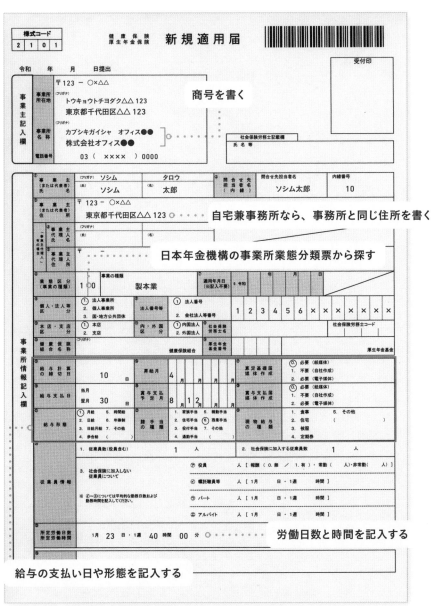

書式元：国税庁ホームページ（https://www.nenkin.go.jp/service/kounen/todokesho/jigyosho/20141205.files/0000028541dV4I8Ih3j9.pdf）

Q

顧問税理士は
つけたほうがいいのでしょうか?

A

税務処理を負担に感じるなら
つけたほうがいいでしょう。

税務処理を不安や負担に感じるのなら、税理士をつけることをオススメします。時間の節約にもなりますし、精神的にも余裕ができるのではないでしょうか。実際のところ、法人の場合は顧問税理士をつけるのが一般的です。

税理士をつけるメリットは2つあります。1つは、経理に関する事務処理を任せられるので事務スタッフを雇用する必要がなく、人件費がおさえられること。もう1つは経営や業界に関する知識が豊富なため、ビジネスの相談にのってもらえることです。

ただし、税理士も人それぞれ。

長く付き合っていける、信頼できる人を探しましょう。無料相談などで直接話したり、情報発信をしている場合はそれもチェックしてみてください。また、提示された報酬を相場と比較し、適正かどうか確認することも必要です。相場は税理士事務所のWEBサイトで見たり、知り合いに聞いたりしましょう。

選ぶポイント

・信頼できる人物か
・質問への回答が早いか
・打ち合わせを積極的にして
　くれるか
・報酬額が納得できるものか
　　　　　　　　　　　など

第 7 章

起業を成功に導く
リスク管理術

必見！ 起業での失敗のリスクを減らす方法を
紹介します。実践して、成功への道を進みましょう。

困ったときには
専門家の
サポートを
受けることも大切

保険に加入して、もしもに備える

けがや病気、思わぬトラブルで収入が減ったときのために、保険へ加入することを検討しましょう。

起業する前に、持病の治療をしたり、歯医者に行って虫歯を治したり、できるだけ健康状態を万全にしておきましょう。

起業当初は、時間も余裕もないですもんね。健康診断も受けようかなぁ。

思いもよらぬ「けが」や「病気」が起こることもありますよね。そういうときはどうすればいいんでしょう。

所得補償保険のような民間保険や、共済への加入がオススメです。特に、個人事業主は傷病手当金が支給されないので、加入しておくと安心ですよ。

僕も1人起業だし、自分が働けなくなったときに収入がなくなると怖いですね。

健康面だけでなく、連鎖倒産を防ぐ共済や退職金代わりのお金をつくるための共済もあります。保険料は種類によっては控除や損金にできます。加入先で確認しましょう。

共済
組合員同士の相互扶助を目的とした保障制度。JA共済や全労済といった共済組合に加入して、組合員になることで利用できる。

傷病手当金
病気やけがなどで仕事を休み、事業主から報酬が十分に得られない場合に支給される。

連鎖倒産
取引先が倒産することで関係している会社や事業主まで経営難に陥り、倒産してしまうこと。

［ 加入しておくと心強い保険の一例 ］

＼ 収入減に備える ／
所得補償保険

対象 すでに就業しており、保険会社の設定した加入要件を満たしている人。

特徴 けがや病気で働けず、収入が減ってしまう期間に、その補償として毎月保険金を受けとることができる。受けとった保険金は非課税となる。

掛け金 ── 保険会社やプランによる

＼ 連鎖倒産を防ぐ ／
経営セーフティ共済

対象 1年以上事業を続けており、資本金額や従業員数などの要件を満たしている場合。

特徴 取引先の倒産により、事業が経営難に陥ったときに、「取引先から回収できない債権の額」「納付した掛け金の10倍」のどちらか少ないほうの金額を借入できる。

掛け金 ── 月5,000円〜20万円
（5,000円単位の設定）

＼ 退職金代わりに ／
小規模企業共済

対象 業種ごとに設定されている従業員数の基準をクリアした事業者。

特徴 事業をやめる場合、掛け金に応じた共済金を受けとることができる（15年以上掛け金を支払っており、満65歳以上の人は事業を継続しても共済金を受けとれる）。

掛け金 ── 月1,000円〜7万円
（500円単位の設定）

コンプライアンスを遵守する

事業を運営していくためには、世間から信用される必要があります。そのためにも、コンプライアンスは守りましょう。

 コンプライアンスってよく聞きますけど、そもそもどうして守らないといけないんでしょうか？

 個人事業主であれ、法人であれ、事業を運営することは「社会的な活動」です。この社会的な活動を行うためには、社会の信用が大事です。社会からの信用を得るために、最低限守るべきルールがコンプライアンスといえます。

 コンプライアンスといえば、給付金不正受給のニュースを見たような……。

 脱税とか、情報漏洩(ろうえい)もコンプライアンス違反ですよね。

 コンプライアンスはいろいろあります。違反すると信用を失うだけでなく、罰則を受けることもあります。「バレないだろう」と思って行うのは命とりです。違反を防ぐためには、ルールを明確にして、自分だけでなく、従業員に周知することも必要です。

脱税
売上を低く意図的に申告したり、経費を水増しして計上したりするなど、納税を故意に減らす違法行為。

情報漏洩
内部に留めておくべき機密情報や個人情報などの重要なデータが、外部に漏れてしまうこと。2022年に上場企業とその子会社で、個人情報の漏洩・紛失事故を公表したのは150社に上る。情報漏洩・紛失事故の原因の半数以上を占めたのは、ウイルス感染・不正アクセスとなっている（東京商工リサーチ調べ）。

［ 特に気をつけるべき事例 5 選 ］

不適切な発言

取引先や顧客の不利益や不快になる発言が違反になることも。相手の「不利益にならないか」「気分を害さないか」など、発言前に考えよう。特にSNSの投稿には気をつけたい。

> 例
> SNS上で取引相手の
> 悪口を投稿。
> 見つかって訴えられて
> しまった。

不当な労働環境

従業員を雇用する場合、休日や残業などの規定を定め、労働基準法に則った環境を整えなければならない。

> 例
> サービス残業が
> あたりまえの環境に
> なっていた。

お金に関する不正

助成金や給付金などを不正に受けとるのも違反。罰則があり、信用もなくなる。"出来心が将来を潰す"ことを覚えておこう。

> 例
> 給付金を不正に受給。
> 返還を求められることに……。

ずさんな情報管理

顧客や取引先、従業員の個人情報や機密情報の漏洩に注意する。情報を「どのように管理するのか」ルールをしっかり決めておく。

> 例
> データを紛失して、
> 個人情報を
> 漏洩させてしまった。

ハラスメント

パワハラ・セクハラなどのハラスメント対策は義務化されている。厚生労働省ホームページのハラスメント関連資料などを参考に防止策を考えよう。

> 例
> 従業員間で
> パワハラ問題が
> 発生した。

改善

事業計画を見直し、つねに改善していく

事業がうまくいかないときは、そのままにしないで、積極的に改善点を見つけましょう。

 ビジネスが当初の計画どおりに進む、というのは正直少ないです。そんなとき、どうすればいいと思いますか？

 うーん。じっくり立てた計画だから、もう少し粘れば、なんとかなるかも…。

 いいえ。「結果がでない」ということは、なにか改善すべきポイントがあるということです。

 うまくいかないときは見直しが必要なんですね。

 そのとおりです。どこに原因があるのか、どう改善したらよいのか、ときには、人に聞いてみるのもいい方法です。**実行と見直しはセットにしましょう。**

 見直すことで、新しい視点がうまれることもあるかもしれませんね。

 そのとおりです！　事業計画はどんどんブラッシュアップしましょう。

どう改善したらよいのか自分で考えるだけでなく、周囲の人にも意見を聞いてみると、新たな知見が得られて突破口になることもある。

［ 事業計画のブラッシュアップ法 ］

Plan（計画）、Do（実行）、Check（確認）、Act（改善）を
繰り返して事業を軌道にのせよう。

改善したあと、さらに事業を成功させる
ための計画を立てる。

例
1人旅を考えるターゲットに
届く宣伝方法を考える。

事業をどのように展開していく
のか、事前に計画を立てる。

例
1人旅向けプランとして、
低価格の料金プランを決めた。

P
計画を
立てる

成功
ルート

A
改善する

見直したときに気づいた課題を
改善するための策を実行する。

例
価格設定を高めにし、
そのぶん無料貸し切り風呂や
送迎をつけ、
夕食内容も豪華にした。

D
実行する

計画どおりに事業を実
行する。

例
1人旅向け宿泊プラン
として宣伝し、予約受
付を開始した。

失敗
ルート

実践
しよう！

C
見直す

見直さない

事業がうまくいかない
ときは、事業内容を見
直して原因を探す。

例
アンケートをとったところ、
金額面よりもサービスが物足り
ないと思われていることが
わかった。

どんどん
間違えたまま
進む

うまくいっていないの
にそのままにすると、
さらに事態が悪化す
る。廃業や倒産に追い
込まれることも。

コストと利益の バランスを考える

経営を考えるうえで、商品・サービスの「原価（コスト）」 と「利益」の設定はとても重要になります。

最初にした価格設定がうまくいかなかった場合はどうしたらいいんでしょうか？

右ページを参考にしてもう一度、コストと利益を見直しましょう。

コストと利益を見直すというと、具体的にはどうしたらいいんでしょうか？

たとえば、「値段を上げる」「値段はそのままにして、内容量を減らす」「人件費をカットする」「事業拠点を変えて、コストをおさえる」など、いろいろな方法があります。正解というものはないんです。世界的な企業でも原価は課題なんですよ。

なるほど！　答えは1つではないんですね。考えられることを書きだしてみます。

試行錯誤するのが大事ということですね。

難しい問題なので、起業1年目の売上、利益などを見て、年間で必要な利益を見直すことが大切です。

いろいろな方法
利益が見込める商品・サービスの利益を低く設定する分、大量に販売して利益を得る「薄利多売」や、付加価値のある商品・サービスなら、利益率を高く設定する手法もある。

［ コストと利益の構造を理解しておこう ］

例

飲食店で売価が1,000円、
原価率が25%の場合

**商品・
サービスの売上
100%**
（1,000円）

原価

商品・サービスをつくるために
かかるコスト（材料費ともいう）。
売上に対する原価の割合は「原
価率」と呼ばれ、業種によって
範囲が異なる。

利益
10%
（100円）

材料費
25%
（250円）

人件費、家賃など
65%
（650円）

そのほか

・水道光熱費
・消耗品費
・事務用品費　など

利益

商品・サービスの売上のなか
から、「原価」と「そのほか
の費用」を差し引いた金額が
利益になる。

原価は経営に直結する

＼原価が**高い**／

利益 5%

30%

65%

＼原価が**低い**／

利益 20%

15%

65%

そのほかの費用
が変わらない場
合、原価の割合
が利益を左右す
ることになる。

⇒ 利益が小さくなる

⇒ 利益が大きくなる

複数の事業を展開し、収益の柱を増やす

1つの事業に集中するのではなく、できるだけ多くの事業を展開することで、チャンスが広がります。

ビジネスは1つの事業を続けていくよりも、複数展開したほうがリスクヘッジになります。

1つだけだと、立ち行かなくなったときに困りますもんね。

1つのアイデアに対して、7つのビジネスを考えれば、どれかは当たるはずです。

アイデアはわかりますが、7つのビジネスって、どういうことですか？

ビジネスは大きく分けると、右のように7つに分類できます。

なるほど！　これを基に考えてみればいいんですね。

そうです。特に、アプリなどのWEBサービスは開発から稼げるようになるまで、3年はかかるといわれています。軌道にのるまでに稼げる、別のビジネスを探すことが重要となります。

複数展開
「最初に思いついたビジネスと、まったく別のビジネスをする」というのではなく、そのビジネスから派生して、別のビジネスをはじめられないかを考えるとよい。

［ ビジネスの 7 つの分類 ］

アイデアと組み合わせ、ビジネスチャンスをつくろう。
たとえば、あなたが雑貨店を開くなら……。

① 仕入れて売る

商品・サービスを、別の事業者から仕入れて提供する。

例

輸入雑貨を販売する

② つくって売る

商品・サービスを、自社でつくって提供する。

例

自社で雑貨をつくる

③ 貸す

商品・サービスを「貸しだす」ことで利益を得る。

例

イベント用に雑貨を貸しだす

④ 代行する

他者の代わりに自分が行うことで報酬を得る。

例

好みの雑貨探しを代わりに行う

⑤ 教える

自分のもっている知識を提供することで利益を得る。

例

雑貨の組み合わせ方のセミナーを開く

⑥ ほどこす

人ができない「なにか」を提供するビジネス。

例

壊れた雑貨をリメイクする

⑦ もてなす

居心地がよかったり、楽しめたりする体験を提供する。

例

雑貨カフェを開く

**自分のアイデアが
どのビジネスに
使えるのか
考えてみます！**

\ 成功をサポートする /

困ったときの相談先。
専門家を頼ろう！

悩んだり、困っているときに相談をするのはとてもいいこと。成功のコツです。

「起業したからには、自分1人でがんばらないと！」と思ってはいませんか？　じつは「困ったときに、人の力を借りることができる」人のほうが起業で成功します。

たしかに、自分でがんばろうとする気持ちはとても大切です。しかし、起業するための手続きや起業後の税務処理、資金繰りなど、全部1人でしようとすると、たくさんの労力と時間がかかります。たいへんな

ときは、無理せずに専門家の力を借りましょう。プロに頼むほうが経費削減につながることもあります。また、専門家とつながりをもつことで、事業に関して有益な情報が手に入りやすくなることも。

各分野の専門家を下にまとめましたので、困ったときの参考にしてください。自分の不得意なことを、得意な人にお願いすることで事業に集中できるはずです。

（ 頼れる専門家はたくさんいる！ ）

\ Keyword /

会社設立　**登記**

司法書士

法人設立のための書類作成を行うエキスパート。手続きの相談もできる（→P28）。

\ Keyword /

税務

税理士

税金に関する困りごとに対応してくれる専門家（→P28）。

\Keyword/
雇用　**社会保険**
厚生労働省系助成金

社会保険労務士

人事労務に関する
手続きや、雇用に
関する厚生労働省
系助成金にも詳し
いプロ（→70）。

\Keyword/
経済産業省系補助金
資金調達　**融資**

中小企業診断士

中小企業の経営課題
の診断や成長戦略な
どに関して助言して
くれる専門家。

\Keyword/
経営全般

経営指導員

商工会や商工会議所
に所属し、会員の事
業運営に関するあら
ゆる相談にのるアド
バイザー。

商工会・商工会議所って？

どちらも経済産業大臣の認
可を受けている特殊な法
人。全国にあり、事業所の
場所など要件を満たしてい
れば加入できる。会費を支
払う必要がある。

起業に関する悩みを総合的にサポート！

監修者への
無料相談
https://v-spirits.com
TEL 0120-335-523
⇓「ブイスピリッツ」で検索

[全国対応で電話、メール、LINE、Zoom での相談も可能]

相談できること

起業相談／個人事業か会社設立かの選択／会社設立サポート／創業支援／助
成金、補助金の受給サポート／税務署、年金事務所への届出書類の作成／提
出代行／経理税務体制の確立／節税対策／人事労務／許認可／集客、マーケ
ティングのアドバイス／人脈の紹介　など

やめ方

事業のやめどきを
決めておこう

起業する前に、事業をやめるときのことを想定しておくことで、再スタートの基準も定まります。

事業の**撤退ライン**は、起業当初から決めておきましょう。

「これからがんばるぞ！」っていうときに、失敗したときのことを考えるんですか？

最悪のシナリオを想定するからこそ、そうならないためにどうすべきかを考えることができます。

ズルズル引っぱって、損失が拡大していく……ということもなくなりますね。

そうです。それに、失敗して撤退したとしても、また再起を図ればいいだけのこと。事業をたたんでから、もう一度就職して、経験を積むのも立派な戦略です。

撤退ラインは、**再スタート**をする基準ともいえるんですね。自分が納得できるやめ方を考えてみます！

あとは個人事業と法人は、やめ方が違うので、それも覚えておきましょう。

撤退ライン
「この状態になったら」事業をやめようという基準。法人の場合は、法人を解散させるのではなく、活動はしないものの、存在は残しておく「休眠」を選択する人もいる。

再スタート
起業は1回の失敗ですべてダメになるわけではない。いったん事業をやめて、再度就職し、そこから経験を積んで再起業して成功する人もいる。

［ 徹退ラインを考えよう ］

● **あなたの徹退ラインは？**　あなたの事業の撤退ラインを書いてみよう。

例

3年で営業利益500万円を達成できなかったらやめる！

明確な撤退ラインがあると、そうならないための戦略を考えやすい。やる気にもつながる。

よし。

事業を続けていけるようにがんばります！

［ 個人事業と法人で異なるやめ方 ］

個人事業

廃業届を提出する

廃業から1か月以内に「個人事業の開業・廃業等届出書」を税務署に提出する。青色申告や消費税の支払いに関する申請が別途必要になることもある。

法 人

さまざまな手続きが必要

法務局に「解散」の登記手続きをし、税務署に「異動届出書」を提出。社会保険や雇用保険などに関する手続きも必要。また、法人の資産の売却など、「清算」の手続きもいる。

COLUMN

Q

勤めている会社を退職する
ときの注意点はありますか?

A

立つ鳥跡を濁さず。
きちんと引き継ぎをしましょう。

　会社員が会社を退職して起業するなら、穏便な関係のまま別れることが大切です。ビジネスにおいて、人脈は"宝"です。会社員時代の上司や同僚から取引先を紹介してもらえたり、困ったときに助言をもらえたりするなど、人とのつながりに助けられることがあるかもしれません。大事にしてください。

　また、「思い立ったが吉日!」と急に退職宣言をして引き継ぎをせずにやめて周囲を困らせたり、お世話になった人たちにあいさつしないで去るような礼をかく行動はNGです。電話やメールなどではなく、対面できちんと伝えましょう。

　取引先に対しても、同僚に対しても、「退職したら縁が切れるし、おなざりにしても大丈夫だろう」と思うのではなく、「今後も縁があるかもしれない」と思って、誠実に対応してください。「立つ鳥跡を濁さず」の気持ちで働き、気持ちよく送りだしてもらえるのが理想です。

退職前にチェック

☑ 退職することをあらかじめ
　伝えている
☑ 引き継ぎは済んでいる
☑ お世話になった人に
　あいさつをした
☑ 積極的な引き抜きと思われ
　ることはしない　　　など

190

さくいん

監修者紹介

中野裕哲（なかの ひろあき）

起業コンサルタント®、経営コンサルタント、税理士、特定社会保険労務士、行政書士、ファイナンシャルプランナー（CFP®、一級ファイナンシャル・プランニング技能士）。起業コンサルV-Spiritsグループ／税理士法人・社会保険労務士法人・行政書士法人V-Spirits、V-Spirits総合研究所株式会社代表。事務所サイト（無料起業相談申込先）https://www.v-spirits.com/

[参考文献]
・中野裕哲著『オールカラー　個人事業の始め方』（西東社）
・中野裕哲著『オールカラー 一番わかる会社設立と運営のしかた』（西東社）
・中野裕哲監修『図解　知識ゼロからはじめる起業の本』（ソシム）
・中野裕哲著『失敗しない起業55の法則』（日本能率協会マネジメントセンター）
・中野裕哲著『ネコ先生がやさしく教える　起業のやり方』（明日香出版社）
・V-Spiritsグループウェブサイト（https://v-spirits.com）
・ドリームゲート（https://www.dreamgate.gr.jp）
・AirREGIマガジン（https://airregi.jp/magazine）
・All About（https://allabout.co.jp）
・起業の窓口マガジン（https://kigyo.gmo/magazine）
・起業マガジン（https://www.islandbrain.co.jp/start-business）
・スモビバ！（https://sumoviva.jp）
・ビジドラ（https://www.smbc-card.com/hojin/magazine/bizi-dora/index.jsp）
・マイベストプロ（https://mbp-japan.com）
・経済産業省ウェブサイト（https://www.meti.go.jp）
・厚生労働省ウェブサイト（https://www.mhlw.go.jp）
・国税庁ウェブサイト（https://www.nta.go.jp）
・中小企業基盤整備機構ウェブサイト（https://www.smrj.go.jp）
・日本政策金融公庫ウェブサイト（https://www.jfc.go.jp）
・法務省ウェブサイト（https://www.moj.go.jp）
・浜松相続税あんしん相談室ウェブサイト（https://hamamatsu-souzokuzei.com）
・RSM汐留パートナーズ司法書士法人ウェブサイト（https://shiodome.co.jp）
・マイナビキャリレーションウェブサイト（https://mynavi-cr.jp）

0からわかる！
起業超入門

2023年 4月10日　初版第1刷発行
2024年 7月17日　初版第4刷発行

監修　　中野裕哲
発行人　片柳秀夫
編集人　志水宣晴
発行　　ソシム株式会社
　　　　https://www.socym.co.jp/
　　　　〒101-0064　東京都千代田区神田猿楽町1-5-15 猿楽町SSビル
　　　　TEL：（03）5217-2400（代表）
　　　　FAX：（03）5217-2420
印刷・製本　株式会社暁印刷

STAFF

カバーデザイン／喜來詩織（エントツ）
カバーイラスト／山内庸資
本文デザイン／伊藤悠
DTP／明昌堂
本文イラスト／須山奈津希
校正／渡邉郁夫
編集協力／オフィス201